Martin Ebbertz

Ein Esel ist ein Zebra ohne Streifen

Martin Ebbertz

Ein Esel ist ein Zebra ohne Streifen

44 fast wahre Geschichten

Mit Bildern von

Catharina Westphal

Boje

MIX
Papier aus verantwortungsvollen Quellen
FSC® C043106
FSC www.fsc.org

Dieser Titel ist auch als E-Book erschienen

Originalausgabe

Illustrationen: Catharina Westphal
Umschlaggestaltung und Satz: Christina Krutz, Biebesheim am Rhein
Gesetzt aus der Bodoni und der Love Ya Like A Sister
Druck und Einband: Grafisches Centrum Cuno GmbH & Co. KG, Calbe

Printed in Germany
ISBN 978-3-414-82351-9

3 5 7 6 4

Sie finden uns im Internet unter:
www.boje-verlag.de

Inhalt

Onkel Theo erzählt von der Banane

»So, liebe Kinder«, sagte Onkel Theo. »Heute werdet ihr mal wieder was lernen.« Die Kinder setzten sich auf Onkel Theos grünes Sofa und spitzten die Ohren. »Also«, sagte Onkel Theo. »Die Banane.« Und er kratzte sich am Kopf.

»Die Banane ist ein krummer Gegenstand, den man essen kann. Ihre Verpackung besteht aus einem gelben Material. Am oberen Ende befindet sich ein schwarzer Stiel. Diesen Stiel nennt man Bananenöffner. Wenn man eine Banane essen möchte, muss man den Bananenöffner umknicken und mit seiner Hilfe die Verpackung von der Banane herunterziehen. Die Verpackung selbst nennt man Schale. Sie ist zwar nicht essbar, aber dafür sehr praktisch, denn wenn man die untere Hälfte dranlässt, hat man einen hervorragenden Bananenhalter und macht sich beim Essen die Hände nicht so schmutzig.

Es ist noch gar nicht lange her, da wurden die Bananen ohne Bananenöffner geliefert. Als ich so alt war wie ihr, hatten die Bananen nämlich noch keinen Stiel. Da war das Bananenessen noch nicht so einfach wie heute. Um eine Banane zu öffnen, brauchte man einen Hammer und einen Nagel. Damit hat man zunächst ein kleines Loch in das obere Ende der Bananenschale geschlagen – aber natürlich ganz vorsichtig, damit das zarte Fruchtfleisch keinen Schaden nahm. Anschließend musste man die Schale mit einem Dosenöffner in zwei Hälften schneiden. Und dann erst konnte man die Banane essen.

Vor gerade mal dreißig Jahren erfand ein kluger Professor aus Heidelberg den Bananenstiel und heute kann jedes Kind eine Banane öffnen.

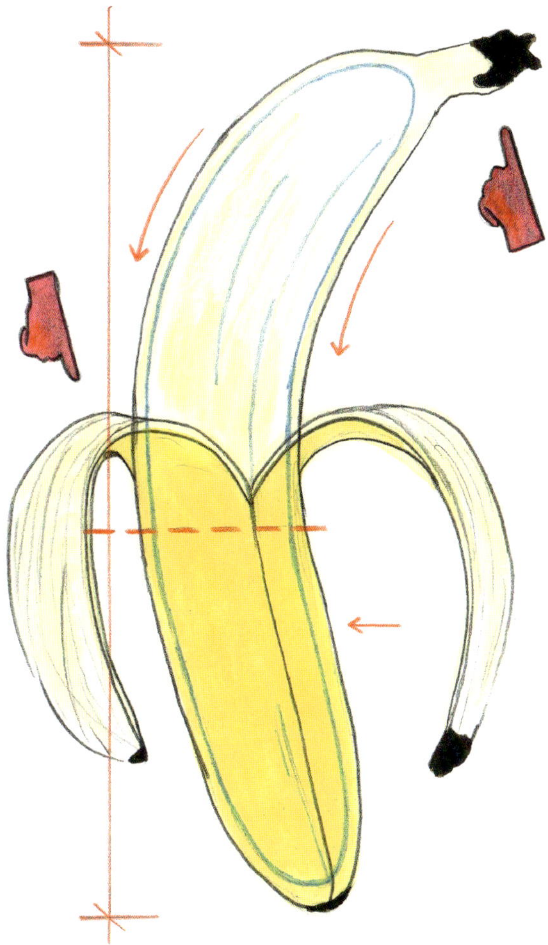

Und jetzt erkläre ich euch, wie Bananen hergestellt werden. In den Bananenfabriken gibt es Töpfe, die sind so groß wie Häuser! Darin befindet sich der leckere Bananenbrei. Das ist eine flüssige Masse, die etwa drei Wochen lang immer wieder umgerührt und mit ein wenig Zement abgemischt wird, bis sie schön fest ist. Aber nicht zu fest! Denn zuerst muss die Banane ja in die Schale gelangen und dafür muss der Brei noch ein bisschen flüssig sein. Aus langen, dünnen Rohren wird er in die Bananenschale gespritzt, und sobald die Banane voll ist, wird sie zugeklebt. Wenn ihr euch eine Banane einmal ganz genau anschaut, dann seht ihr gegenüber vom Stiel, am anderen Ende also, einen dicken schwarzen Punkt. Der kommt vom Klebstoff. Achtet mal darauf, wenn ihr das nächste Mal eine Banane esst!

Zum Schluss kommt noch ein bisschen gelbe Farbe drauf – und fertig ist die Banane! Das könnt ihr ganz leicht selbst machen, ihr braucht nur etwas Bananenbrei und eine Bananenschale. Habt ihr schon einmal eine Banane gebastelt?«

Die Kinder schüttelten den Kopf.

»Jetzt wisst ihr ja, wie es geht«, sagte Onkel Theo. »Aber das Wichtigste hätte ich fast vergessen: Bevor der Bananenbrei ganz getrocknet ist, müsst ihr die Banane krumm biegen. Das ist nicht schwer. Man nimmt die Banane einfach in beide Hände, legt sie übers Knie und biegt mit aller Kraft. Dabei dürft ihr auf keinen Fall vergessen, wie ein richtiger Affe zu brüllen! Und nach etwa fünf Minuten ist die Banane krumm.«

»So ein Quatsch!«, riefen die Kinder.

»Was?«, fragte Onkel Theo. »Quatsch nennt ihr das? Und euch soll ich noch mal was erzählen?«

Doch weil die Kinder sehr darum baten, sagte Onkel Theo: »Also gut. Vielleicht ein anderes Mal. Aber für heute ist Schluss.«

Onkel Theo erzählt vom Pferd

»So, liebe Kinder«, sagte Onkel Theo. »Heute werdet ihr mal wieder was lernen.« Die Kinder setzten sich auf Onkel Theos grünes Sofa und spitzten die Ohren. »Also«, sagte Onkel Theo. »Das Pferd.« Und er kratzte sich am Kopf.

»Ihr habt bestimmt alle schon mal ein Pferd gesehen, oder? Man könnte fast glauben, so ein Pferd sei nichts Besonderes, weil es so viele von ihnen gibt. Dabei ist das Pferd ein äußerst merkwürdiges Tier. Das größte Pferd der Welt lebt in Kanada. Hinten hat es einen riesigen Schwanz. Beim Pferd heißt das Schweif. Dieses Pferd ist nun aber so groß, dass es, wenn es nach hinten guckt, seinen eigenen Schweif nicht sehen kann. Daher wusste dieses Pferd lange Zeit auch nicht, ob es mit seinem Schweif wedeln konnte. Woher sollte es das denn auch wissen? Es dachte sich zwar: Jetzt wedele ich mal ein bisschen mit meinem Schweif. Aber sehen konnte es das nicht. Vielleicht hatte der Schweif gar keine Lust zu wedeln und machte stattdessen etwas ganz anderes?

Darum ging das größte Pferd der Welt eines Tages in eine Telefonzelle und rief die Auskunft an, um zu fragen, wo sich sein Schweif befand. Der baumelte gerade zufällig in Alaska herum, und da bat das Pferd einen Freund in Alaska, ihm Bescheid zu sagen, falls es hinten mit dem Schweif wedelte. Das

Pferd stand also mit dem Kopf in einer Telefonzelle in Kanada und der Schweif wedelte in Alaska und der Freund rief ganz erfreut ins Telefon: ›Ja, er wackelt!‹ Tja, und seitdem weiß das größte Pferd der Welt, dass es mit dem Schweif wedeln kann.

Die meisten Pferde sind natürlich nicht so groß. Aber auch sie sind sehr interessante Tiere. Wusstet ihr, dass Pferde, wenn sie sich unbeobachtet fühlen, wahnsinnig gern Purzelbäume schlagen? Es finden sogar richtige Wettbewerbe statt! Der Weltrekord im Pferdepurzelbaumschlagen liegt bei hundertzweiunddreißig Purzelbäumen hintereinander.

Ansonsten haben Pferde ein eher ruhiges Wesen und sind äußerst gut erzogen. Zum Beispiel bohren sie nie in der Nase, weil ihre Hufe viel zu groß sind für die kleinen Nasenlöcher.

Pferde sind auch sehr gut im Kopfrechnen. Sie rechnen schneller als jeder Computer, nur leider können sie nicht sprechen und verraten daher niemandem die Ergebnisse. Deshalb kann euch auch dummerweise kein Pferd bei den Schulaufgaben helfen.

Das kleinste Pferd der Welt wurde übrigens vor zwölf Jahren in China entdeckt. Es war so klein, dass man es nur mit einer Lupe sehen konnte. Einige Zeit arbeitete es in einem Flohzirkus, wo es einen winzigen Pferdewagen zog, in dem acht Flöhe saßen. Später wurde es von einem Millionär gekauft und in einer Streichholzschachtel nach Japan transportiert. Und wisst ihr, wo das kleinste Pferd der Welt heute lebt?«

Die Kinder schüttelten den Kopf.

»Das könnt ihr auch nicht wissen«, sagte Onkel Theo. »Das weiß nämlich niemand. Denn leider rutschte das Pferd bei dem japanischen Millionär in eine Sofaritze – und seitdem wurde es nie wieder gesehen.«

»So ein Quatsch!«, riefen die Kinder.

»Was?«, fragte Onkel Theo. »Quatsch nennt ihr das? Und euch soll ich noch mal was erzählen?«

Doch weil die Kinder sehr darum baten, sagte Onkel Theo: »Also gut. Vielleicht ein anderes Mal. Aber für heute ist Schluss.«

Onkel Theo erzählt vom Putzlappen

»So, liebe Kinder«, sagte Onkel Theo. »Heute werdet ihr mal wieder was lernen.« Die Kinder setzten sich auf Onkel Theos grünes Sofa und spitzten die Ohren. »Also«, sagte Onkel Theo. »Der Putzlappen.« Und er kratzte sich am Kopf.

»Es ist kaum zu glauben, wie viele verschiedene Putzlappen es auf der Welt gibt. Selbst die klügsten Gelehrten und Wissenschaftler wissen mindestens zwei Dinge nicht. Sie wissen erstens nicht, wie viele Sterne es gibt. Und sie wissen zweitens nicht, wie viele verschiedene Putzlappen es gibt.

Es gibt grobe Staublappen für groben Staub, feine Staubtücher für feinen Staub, Stofflappen, Lederlappen für Autos und Lederlappen für Fenster. In Amerika gibt es sogar einen Putzlappen mit einem Loch darin. Der ist für die vielen Kaugummis, die die Kinder unter die Schulbänke geklebt haben. Man schiebt den Lappen einfach unter der Tischplatte entlang, die Kaugummis fallen nacheinander durch das Loch und danach braucht man sie nur noch aufzusammeln und in den Mülleimer zu werfen.

Ein sehr praktischer Putzlappen ist der Putzlappen für Krabbelkinder. Der wird den kleinen Krabbelkindern an die

Beine gebunden, und wenn die Kinder über den Boden gekrabbelt sind, ist gleich alles geputzt.

Ein besonders wertvoller und schöner Putzlappen hat früher einmal dem Kaiser von China gehört. Er war aus feinster Seide und leuchtete in den hellsten Farben, er war bestickt mit bunten Mustern und Blumen, und niemandem war es erlaubt, mit ihm zu putzen, denn der Lappen durfte auf keinen Fall dreckig werden.

Aber am seltsamsten erscheint mir der größte Putzlappen der Welt. Er ist fast fünfzig Meter breit und beinahe hundert Meter lang. Als ich ihn das erste Mal gesehen habe, erkundigte ich mich natürlich gleich danach, wozu man wohl so einen großen Lappen benötigt. Und wisst ihr was? Die Antwort ist ganz einfach: Damit putzt man Fußballplätze! Wenn der Rasen staubig geworden ist, legt man kurz den Lappen darüber und schon ist alles wieder blitzeblank.«

Auf einmal hörte Onkel Theo auf zu erzählen. Er ging in die Besenkammer, holte einen grauen Lappen hervor und zeigte ihn stolz den Kindern. Der Lappen sah aus wie ein ganz gewöhnlicher Putzlappen.

»Wisst ihr, was das ist?«, fragte Onkel Theo.

Die Kinder schüttelten den Kopf.

»Vielleicht glaubt ihr, das sei ein ganz gewöhnlicher Putzlappen. Aber weit gefehlt! Dieser Putzlappen gehörte einst dem alten Käpt'n Ahab, der ein Holzbein hatte. Wie ihr bestimmt wisst, muss auf einem Schiff jeden Tag gründlich geputzt werden. Und Käpt'n Ahab war nicht nur ein berüchtigter Kapitän und Walfischfänger, er war auch der berühmteste Putzteufel der christlichen Seefahrt.« Onkel Theo machte eine Pause und hielt den grauen Lappen noch ein Stück höher. »Und genau diesen Putzlappen hier hat sich Käpt'n Ahab einfach unten am Holzbein festgemacht – und dann schrubbte er los,

dass es eine wahre Freude war! Mit seinem Holzbeinschrubber war er schneller als alle anderen Matrosen zusammen. Wenn ihr Lust habt, dürft ihr in meiner Wohnung gern ab und zu ein bisschen mit Käpt'n Ahabs Putzlappen putzen.«

»So ein **Quatsch!**«, riefen die Kinder.

»Was?«, fragte Onkel Theo. »Quatsch nennt ihr das? Und euch soll ich noch mal was erzählen?«

Doch weil die Kinder sehr darum baten, sagte Onkel Theo: »Also gut. Vielleicht ein anderes Mal. Aber für heute ist Schluss.«

Onkel Theo erzählt vom Känguru

»So, liebe Kinder«, sagte Onkel Theo. »Heute werdet ihr mal wieder was lernen.« Die Kinder setzten sich auf Onkel Theos grünes Sofa und spitzten die Ohren. »Also«, sagte Onkel Theo. »Das Känguru.« Und er kratzte sich am Kopf.

»Das Känguru lebt weit weg von hier in Australien. Es hat zwei Beine, auf denen es hüpft, und zwei weitere, auf denen es sich vorne abstützt, damit es nicht umfällt. Vor allem aber hat das Känguru vorne am Bauch einen Beutel. In diesem Beutel trägt die Kängurumama ihr Kängurukind – aber das wisst ihr bestimmt schon längst.

Davon will ich auch gar nicht erzählen. Heute möchte ich euch von etwas ganz Besonderem berichten, und zwar vom berühmten Riesenkänguru! Das Riesenkänguru war mindestens drei Mal so groß wie ein normales Känguru. Es hatte Beine, die waren so lang, dass es aussah, als ginge es auf Stelzen. Seine Augen waren so groß wie Suppenteller. Nur die Ohren, die waren winzig – etwa so winzig klein wie Stecknadelköpfe. Kein Wunder also, dass das Riesenkänguru sehr schlecht hörte.

Natürlich hatte das Riesenkänguru auch einen viel größeren Beutel als alle anderen Kängurus. Sein Beutel war so

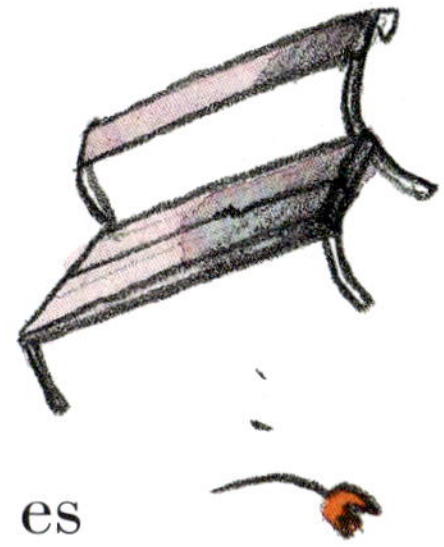

groß, dass alles Mögliche darin Platz fand. Wenn das Riesenkänguru beim Hüpfen durch die Wüste einen interessanten Stein entdeckte, dann steckte es ihn einfach ein. Oder wenn es durch einen Wald spazierte und es bemerkte eine besonders schöne Tanne – schwupp –, verschwand auch die in seinem Beutel.

Am Anfang sammelte das Riesenkänguru nur Kleinigkeiten wie Steine und Bäume. Aber die Sache machte ihm so großen Spaß, dass es immer mehr Dinge verschwinden ließ. Einmal kam es an einem Dorf vorbei, und die Häuser gefielen ihm so gut, dass es das ganze Dorf mitsamt Kirche und Bürgermeister in seinem Beutel verstaute.

Natürlich waren die Dorfbewohner nicht gerade erfreut darüber, sie hatten ja nun keine Häuser, keine Kirche und keinen Bürgermeister mehr. Also protestierten und schimpften sie, aber das nützte rein gar nichts, denn wie gesagt, das Riesenkänguru hörte sehr schlecht. Da riefen die

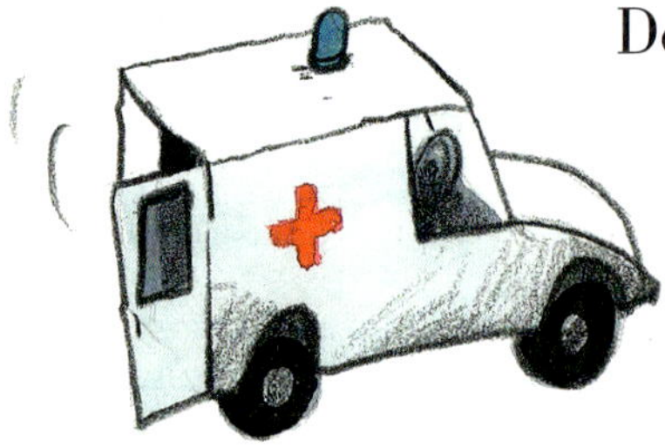

Dorfbewohner die Polizei und die Feuerwehr und baten sie um Hilfe. Sofort kamen siebzehn Polizeiwagen und zwölf große Feuerwehrwagen mit viel Tatütata angebraust. Und was machte das Riesenkänguru? Genau, es steckte sie allesamt in seinen Beutel.

Danach wurde es immer schlimmer. In den nächsten Wochen verschwanden acht Dörfer und zwei große Städte in dem riesigen Beutel des Riesenkängurus.

Doch eines Tages war der Spuk vorbei. Könnt ihr euch denken, warum?«

Die Kinder schüttelten den Kopf.

»Nun, das kam so: Eines Morgens wollte sich das Riesenkänguru all die schönen Sachen ansehen, die es in seinem Beutel gesammelt hatte. Also blieb ihm nichts anderes übrig, als selbst hineinzusteigen. Das tat das Riesenkänguru und – schwupp – schon war es in seinem eigenen Beutel verschwunden. Seitdem wurde es nie wieder gesehen.«

»So ein **Quatsch!**«, riefen die Kinder.

»Was?«, fragte Onkel Theo. »Quatsch nennt ihr das? Und euch soll ich noch mal was erzählen?«

Doch weil die Kinder sehr darum baten, sagte Onkel Theo: »Also gut. Vielleicht ein anderes Mal. Aber für heute ist Schluss.«

Onkel Theo erzählt vom Nilpferd

»So, liebe Kinder«, sagte Onkel Theo. »Heute werdet ihr mal wieder was lernen.« Die Kinder setzten sich auf Onkel Theos grünes Sofa und spitzten die Ohren. »Also«, sagte Onkel Theo. »Das Nilpferd.« Und er kratzte sich am Kopf.

»Das Nilpferd ist ein rundes, dickes Pferd. Es ist wirklich furchtbar dick. Das liegt daran, dass das Nilpferd so viel isst. Das heißt, eigentlich frisst es. So heißt es bei einem Tier nämlich richtig, und bei einem Nilpferd stimmt es auch. Zum Frühstück frisst das Nilpferd ungefähr siebenunddreißig Stücke Schokoladenkuchen und dazu trinkt es eine halbe Tasse Kaffee. Zu viel Kaffee möchte es nicht trinken, denn Kaffee ist nicht sehr gesund.

Das Nilpferd hat viele Beine. Vorne zwei und hinten zwei, zwei links und zwei rechts. Das macht zusammen acht. Das Nilpferd braucht so viele starke Beine, damit es seinen dicken Bauch tragen kann.

Das Nilpferd hat auch einen großen Mund. Diesen Mund nennt man Maul. Das Maul ist so groß und hat so viele Zähne, dass sich das Nilpferd nach dem Frühstück eine halbe Stunde lang die Zähne putzen muss. Zwischendurch frisst es noch ein bisschen Schokoladenkuchen, und wenn es dann mit dem Putzen beim hintersten Zahn angelangt ist, dann ist der vorderste wieder dreckig. Und die ganze Putzerei geht von vorne los. Übrigens braucht das Nilpferd an einem Morgen mindestens drei Zahnbürsten, denn sein Maul ist so riesig, dass das Nilpferd immer wieder seine Zahnbürste darin verliert und nicht mehr wiederfindet.

Das Nilpferd heißt Nilpferd, weil es im Nil wohnt. Der Nil ist ein Fluss. Wenn das Nilpferd in den Fluss hineinsteigt, dann schwappt das Wasser über das Ufer, und alle Leute, die am Nil stehen, bekommen nasse Füße. Deshalb darf man niemals vergessen, seine Gummistiefel anzuziehen, wenn man am Nil entlangspaziert.

Im Fluss legt sich das Nilpferd am liebsten auf den Rücken. Meistens schläft es dabei ein. Wenn es dann um die Mittagszeit

wieder aufwacht, hat es üblicherweise Hunger und frisst eine Kleinigkeit. Es frisst gut und gern hundertfünfzig Kartoffeln und dazu zwei bis drei Erbsen.

Manchmal, wenn sein Hunger besonders groß ist, frisst das Nilpferd auch Dinge, die es so zufällig am Flussrand findet – zum Beispiel einen Gummistiefel, den jemand verloren hat, oder einen Fußball, der zu weit geschossen wurde. Aber davon bekommt es Bauchweh.

Und wenn ein Nilpferd Bauchweh hat, dann ist es schlimm. Dann schreit es so laut, dass die Wände wackeln. An einem ruhigen Tag kann man den Schrei sogar bis hierher hören. Habt ihr schon mal ein Nilpferd mit Bauchweh schreien gehört?«

Die Kinder schüttelten den Kopf.

»Dann passt gut auf!«, sagte Onkel Theo. »Wenn ihr immer ganz, ganz leise seid, könnt ihr es vielleicht hören. Und wenn ihr ein Nilpferd mit Bauchweh schreien hört, dann schaut schnell nach, ob euch nicht ein Fußball fehlt. Es würde mich nicht wundern, wenn ihn das Nilpferd gefressen hat.«

»So ein Quatsch!«, riefen die Kinder.

»Was?«, fragte Onkel Theo. »Quatsch nennt ihr das? Und euch soll ich noch mal was erzählen?«

Doch weil die Kinder sehr darum baten, sagte Onkel Theo: »Also gut. Vielleicht ein anderes Mal. Aber für heute ist Schluss.«

Onkel Theo erzählt von den Spaghetti

»So, liebe Kinder«, sagte Onkel Theo. »Heute werdet ihr mal wieder was lernen.« Die Kinder setzten sich auf Onkel Theos grünes Sofa und spitzten die Ohren. »Also«, sagte Onkel Theo. »Die Spaghetti.« Und er kratzte sich am Kopf.

»Die Spaghetti sind ein sonderbares Gemüse. Man ist sich ja nicht einmal sicher, ob die Spaghetti überhaupt ein Gemüse sind. Aber Fleisch oder Salat sind sie offensichtlich nicht, also werden sie wohl ein Gemüse sein. Bei den Spaghetti handelt es sich um lange, fadenförmige Gegenstände, mit denen man so einiges anstellen kann. Zum Beispiel kann man sie essen. Dazu wickelt man die Spaghetti um eine Gabel – ungefähr so, wie man einen Gartenschlauch aufrollt. Dann schiebt man sie mit einer vorsichtigen Gabelbewegung in den Mund. Das ist nicht ganz einfach, denn die Spaghetti sind ziemlich lang.

Die längsten Spaghetti der Welt gab es übrigens mal bei einer Schulspeisung in Sömmerlund (Schweden). Sie waren so lang, dass acht Schulklassen ganze drei Tage an einer einzigen Spaghettinudel aßen. Am Ende waren alle Kinder pappsatt, nur für eine Lehrerin blieb leider nichts mehr übrig.

Aber mit den Spaghetti kann man noch viel mehr machen, als sie bloß aufzuessen. Genau genommen, sind sie sogar zum Essen viel zu schade. Wenn es bei euch das nächste Mal Spaghetti gibt, hebt euch einfach ein paar von ihnen auf und versteckt sie in eurer Hosentasche. Das macht ihr so oft, bis ihr genug zusammenhabt, und dann könnt ihr herrliche Dinge daraus basteln. Aus den langen Fäden könnt ihr euch zum Beispiel einen Spaghettipullover stricken. Oder ihr hängt die Spaghetti zum Weihnachtsfest an den Christbaum – das ist besser als jedes Lametta. Man kann auch mehrere Spaghetti aneinanderknoten und am Ende zu einer Schlinge binden. Dann hat man ein richtiges Lasso, so, wie es die Indianer benutzen, um Büffel zu jagen. Damit kann man, wenn man Indianer spielt, Kühe fangen oder Cowboys fesseln.

Die richtigen Indianer machen ihre Lassos aus weichen, gekochten Spaghetti. Aus den harten, ungekochten Spaghetti stellen sie Pfeil und Bogen her. Ein richtiger Indianer würde wahrscheinlich laut lachen, wenn er wüsste, dass manche Leute Spaghetti einfach aufessen.

Aber habt ihr überhaupt eine Ahnung, wo die Spaghetti herkommen?«

Die Kinder schüttelten den Kopf.

»Ihr wisst ja gar nichts«, sagte Onkel Theo und verzog entsetzt das Gesicht. »Ein Glück, dass ihr bei mir ein bisschen was lernt. Die Spaghetti kommen natürlich aus Italien. Dort wachsen sie an speziellen Bäumen, den berühmten Spaghettibäumen. Im Herbst, wenn sie geerntet werden, hängen sie in langen Fäden von den Ästen. Um die Spaghetti zu ernten, geht man einfach mit einer Schere unter den Baum und schneidet die Fäden ab. Schnipp, schnapp. Das ist so ähnlich wie Haareschneiden. Darum werden Spaghetti auch nicht von Bauern geerntet, sondern von Friseuren. Friseure sind nämlich die besten Spaghettischneider, die es gibt.«

»So ein Quatsch!«, riefen die Kinder.

»Was?«, fragte Onkel Theo. »Quatsch nennt ihr das? Und euch soll ich noch mal was erzählen?«

Doch weil die Kinder sehr darum baten, sagte Onkel Theo: »Also gut. Vielleicht ein anderes Mal. Aber für heute ist Schluss.«

Onkel Theo erzählt vom Esel

»So, liebe Kinder«, sagte Onkel Theo. »Heute werdet ihr mal wieder was lernen.« Die Kinder setzten sich auf Onkel Theos grünes Sofa und spitzten die Ohren. »Also«, sagte Onkel Theo. »Der Esel.« Und er kratzte sich am Kopf.

»Der Esel sieht ungefähr so aus wie ein Pferd. Aber damit man ihn vom Pferd unterscheiden kann und es keine Verwechslungen gibt, hat er zwei große, lange Eselsohren. Der Esel heißt Esel, weil er so dumm ist wie ein Esel. Und ich kann euch sagen: Esel sind wirklich sehr dumm! Sie können weder schreiben noch lesen oder rechnen.

Nun, das allein ist vielleicht nicht weiter verwunderlich. Aber Esel sind sogar so dumm, dass sie nicht einmal wissen, dass sie Esel sind. Wenn zwei Esel miteinander streiten und sich Schimpfwörter füreinander ausdenken, dann sagt zwar der eine gern zum anderen: ›Du dummer Esel!‹, trotzdem denkt jeder Esel von sich selbst, er sei irgendein anderes Tier, aber auf keinen Fall ein Esel.

Einige Esel sind so dumm, dass sie sich für Pferde halten. Sie glauben, dass sie bloß deswegen so lange Ohren haben, damit sie besser hören können. Das ist natürlich Unsinn. Selbst ein schwerhöriges Pferd hört immer noch besser als ein Esel.

Andere Esel sind noch dümmer. Sie glauben, dass sie Zebras ohne Streifen sind und dass der Regen die Farbe von den Zebrastreifen abgewaschen hat. Aber das ist selbstverständlich auch Unsinn.

All das ist schon ganz schön dumm, aber es geht sogar noch dümmer. Der dümmste Esel der Welt lebt auf einer großen Wiese in den Alpen. Dieser Esel ist wirklich schrecklich dumm. Auch er weiß nicht, dass er ein Esel ist. Aber was

glaubt ihr wohl, für welches Tier er sich hält? Er denkt nicht etwa, er sei ein Pferd mit langen Ohren. Oder ein Zebra ohne Streifen. Nein, er ist dermaßen mit Dummheit geschlagen, dass er glaubt, er sei eine Maus!

Der dümmste Esel der Welt, der glaubt, er sei eine Maus, hat große Angst vor Mausefallen. Da wenigstens hat er Glück, weil es auf seiner Wiese in den Alpen keine Mausefallen gibt. Aber auch vor Katzen hat er Angst. Und das ist schon schlechter, denn ab und zu streift die Katze des Bauern über die Wiese. Dann brüllt der Esel jedes Mal jämmerlich und würde sich am liebsten im nächsten Mauseloch verkriechen. Aber natürlich ist ein Mauseloch für einen Esel viel zu klein. Darum stößt sich der dümmste Esel der Welt regelmäßig kräftig den Kopf. Das führt dazu, dass er noch lauter brüllt und die Katze vor Schreck davonläuft.

Immer wenn sich der dümmste Esel der Welt den Kopf stößt, bekommt er großen Hunger. Er könnte Gras fressen, denn Gras gibt es auf seiner Wiese mehr als genug. Aber weil er glaubt, er sei eine Maus, frisst er am liebsten Käse und Gras findet er ganz grässlich. Wisst ihr, warum der dümmste Esel der Welt trotzdem nicht verhungert?«

Die Kinder schüttelten den Kopf.

»Ganz einfach«, sagte Onkel Theo. »Zum Glück ist dieser dumme Esel so dumm, dass er das Gras auf der Wiese für Käse hält. Den ganzen Tag frisst er Gras und glaubt dabei, es sei Käse. So dumm ist der dümmste Esel der Welt!«

»So ein Quatsch!«, riefen die Kinder.

»Was?«, fragte Onkel Theo. »Quatsch nennt ihr das? Und euch soll ich noch mal was erzählen?«

Doch weil die Kinder sehr darum baten, sagte Onkel Theo: »Also gut. Vielleicht ein anderes Mal. Aber für heute ist Schluss.«

Onkel Theo erzählt vom Ring

»So, liebe Kinder«, sagte Onkel Theo. »Heute werdet ihr mal wieder was lernen.« Die Kinder setzten sich auf Onkel Theos grünes Sofa und spitzten die Ohren. »Also«, sagte Onkel Theo. »Der Ring.« Und er kratzte sich am Kopf.

»Wie lässt sich ein Ring am besten beschreiben? Vielleicht so: Ein Ring ist ein rund um eine Öffnung herum befindliches Ding. Das klingt ziemlich schwer verständlich, aber eigentlich ist es ganz einfach: Ein Ring ist nämlich nichts anderes als der Rand von einem Loch.

So ein Ring ist ein Ding, das es in vielerlei Größen gibt. Nur die Form ist immer dieselbe: Ein Ring muss rund sein, sonst ist es kein richtiger Ring. Mit ein paar Beispielen lässt sich das ganz leicht erklären: Der Schwimmring ist rund – also ist er ein Ring. Ein Boxring dagegen ist meistens viereckig – also ist er eigentlich kein Ring. Der Nugatring ist kreisrund – also ist er ein Ring. Der Hering dagegen ist eher länglich und hat Flossen – also ist er kein Ring. Der Ehering wiederum ist rund – also ist er ein Ring. Versteht ihr? So einfach ist das.

Aber das war nicht immer so. Der erste Ring wurde vor vielen Tausend Jahren in der Steinzeit konstruiert, und er sah völlig anders aus als die Ringe, die wir heute kennen.

Mal ganz offen gesagt, er war ziemlich primitiv: Dieser erste Ring war nämlich ein viereckiger Stein und hatte noch kein Loch in der Mitte!

Voller Stolz zeigte der Ringerfinder seinen Ring den anderen Steinzeitmenschen.

›Was soll das sein?‹, fragten die ihn.

›Das ist ein Ring‹, erklärte der Ringerfinder.

›Ein Ring?‹ Die Steinzeitmenschen lachten. ›Das ist doch ein ganz normaler, flacher viereckiger Stein!‹

Und weil sie nicht wussten, was sie mit dieser blödsinnigen Erfindung anfangen sollten, geriet sie schnell wieder in Vergessenheit.

Doch etwas später machte der Ringerfinder eine neue Erfindung, die dem ersten Ring sehr ähnelte. Sie war allerdings viel größer und hatte in der Mitte ein Loch.

›Das ist ein viereckiges Rad‹, erklärte der Ringerfinder.

Schon wieder lachten die Steinzeitmenschen ihn aus, denn leider war auch diese Erfindung zu nichts zu gebrauchen.

Da endlich kam der Ringerfinder auf die Idee, runde Räder zu bauen, und die waren wirklich praktisch. Man konnte Lasten damit transportieren und Kutschen bauen. Die Steinzeitmenschen waren ganz begeistert und klatschten Beifall und lobten den Erfinder sehr.

Aus Freude darüber, dass seine Räder so gut ankamen, erfand der Ringerfinder auch den Ring noch einmal, aber diesmal richtig, also rund und mit einem Loch in der Mitte. Er schenkte jedem, den er kannte, einen solchen Ring. Doch wieder wussten die Steinzeitmenschen nicht, was sie mit den Ringen anfangen sollten. Manche setzten sie sich als Hut auf den Kopf, aber die Ringe waren aus Stein und schwer zu tragen. Andere legten sie als Schmuck in den Vorgarten ihrer Höhle. Und könnt ihr euch denken, was der Ringerfinder selbst mit seinem Ring machte?«

Die Kinder schüttelten den Kopf.

»Nun«, sagte Onkel Theo, »er benutzte ihn als Schwimmring. Natürlich ging er sofort unter, als er mit dem Steinring ins Wasser stieg. Zum Glück konnte er sich befreien, und als er an Land kam, erklärte er den staunenden Zuschauern, dass er gerade den Tauchring erfunden hatte!«

»So ein Quatsch!«, riefen die Kinder.

»Was?«, fragte Onkel Theo. »Quatsch nennt ihr das? Und euch soll ich noch mal was erzählen?«

Doch weil die Kinder sehr darum baten, sagte Onkel Theo: »Also gut. Vielleicht ein anderes Mal. Aber für heute ist Schluss.«

Onkel Theo erzählt vom Huhn

»So, liebe Kinder«, sagte Onkel Theo. »Heute werdet ihr mal wieder was lernen.« Die Kinder setzten sich auf Onkel Theos grünes Sofa und spitzten die Ohren. »Also«, sagte Onkel Theo. »Das Huhn.« Und er kratzte sich am Kopf.

»Wahrscheinlich habt ihr alle schon mal ein Huhn gesehen. Kaum zu glauben, dass das Huhn so ein besonderes Tier ist. Zum Beispiel legt das Huhn Eier. Wer kann das schon? Das Huhn ist selbst am meisten erstaunt darüber, dass es Eier legen kann. Und immer wenn es ein neues Ei gelegt hat, stößt es vor Überraschung einen lauten Schrei aus.

Den Mann des Huhns nennt man Hahn. Der Hahn schreit noch lauter als das Huhn, denn er glaubt, dass auch er Eier

legen kann, wenn er nur tüchtig genug kräht. Schon am frühen Morgen fängt er damit an, und alle Leute werden wach von seinem Kikeriki. Aber es nützt rein gar nichts, denn Eier legt er keine.

Deshalb arbeiten viele Hähne als Wetterhähne auf den Kirchtürmen. Sie drehen sich mit dem Wind, und sie zeigen an, aus welcher Richtung der Wind weht. Es gibt nur Wetterhähne, Wetterhühner gibt es nicht. Warum das so ist, ist natürlich klar. Wenn nämlich ein Wetterhuhn auf einem hohen Kirchturm ein Ei legen würde, fiele das Ei herunter und ginge zu Bruch. Und es wäre doch ziemlich schade um das schöne Ei.

Hühner gibt es übrigens in der ganzen Welt. In Afrika, in der heißen Wüste Sahara, leben die Wüstenhühner. Sie

tragen fast keine Federn, weil es ihnen sonst zu heiß wäre. In der Wüste ist es nämlich so heiß, dass die Hühner dort nur hart gekochte Eier legen. Bestimmt habt ihr schon mal ein hart gekochtes Ei gegessen, oder? Seht ihr! Das stammt von einem Wüstenhuhn aus der Sahara.

Das merkwürdigste Huhn, das es gibt, lebt jedoch auf den Berghängen der Eifel. Man nennt es Hanghuhn. Auf den ersten Blick sieht es aus wie ein ganz normales Huhn. Nur ist das rechte Bein viel kürzer als das linke, damit es auf den schrägen Hängen gerade gehen kann. Das kurze rechte Bein steht oben am Hang, und das lange linke Bein steht weiter unten. Auf diese Weise hält sich das Hanghuhn völlig gerade auf den Beinen, und es kann viel schneller die Hänge entlanglaufen, als wenn es zwei gleich lange Beine hätte. Weil das Hanghuhn so schnell laufen

kann, ist es fast unmöglich, es einzufangen. Aber nur fast. Wisst ihr, was man machen muss, um ein Hanghuhn zu fangen?«

Die Kinder schüttelten den Kopf.

»Nun«, sagte Onkel Theo. »Wenn man es weiß, ist es gar nicht so schwer. Man stellt sich einfach hinter das Hanghuhn, klatscht einmal laut in die Hände und ruft: ›He, Hanghuhn!‹ Wenn sich das Hanghuhn dann umdreht, befindet sich das lange linke Bein plötzlich oben am Hang und das kurze rechte Bein unten. Das Hanghuhn steht nun so schief, dass es einfach – rums – auf den Schnabel fällt. Tja, und so fängt man ein Hanghuhn.«

»So ein Quatsch!«, riefen die Kinder.

»Was?«, fragte Onkel Theo. »Quatsch nennt ihr das? Und euch soll ich noch mal was erzählen?«

Doch weil die Kinder sehr darum baten, sagte Onkel Theo: »Also gut. Vielleicht ein anderes Mal. Aber für heute ist Schluss.«

Onkel Theo erzählt vom Bleistift

»So, liebe Kinder«, sagte Onkel Theo. »Heute werdet ihr mal wieder was lernen.« Die Kinder setzten sich auf Onkel Theos grünes Sofa und spitzten die Ohren. »Also«, sagte Onkel Theo. »Der Bleistift.« Und er kratzte sich am Kopf.

»Der Bleistift ist ein Gegenstand, mit dem man zeichnen und schreiben kann. Außen besteht er aus Holz und innen drin befindet sich eine dünne, lange Stange. Diese Stange nennt man die Mine. Sie muss immer schön spitz sein, damit der Bleistift gut schreibt.

In Amerika ist Bleistiftspitzen darum sogar ein Fach, das man in der Schule lernt. Jeden Tag müssen die Kinder dort eine Schulstunde lang Bleistifte spitzen und jedes Kind spitzt in dieser Stunde zehn bis zwölf Stifte weg. Es spitzt und spitzt, bis kein einziger Stift mehr übrig ist.

Bleistifte kennt die Menschheit schon seit sehr langer Zeit. Auch die alten Ritter hatten Bleistifte. Allerdings waren die Ritter damals etwas kleiner als die Menschen heute, und die Bleistifte waren etwas größer als die, die wir jetzt haben. Und so benutzten die Ritter die Bleistifte als Lanzen. Sie klemmten sich einfach einen scharf gespitzten Bleistift unter den Arm und ritten damit aufeinander zu.

Besonders grausam waren die legendären Kämpfe zwischen

den Bleistiftrittern und ihren ärgsten Feinden, den Kugelschreiberpiraten. Die Bleistiftritter stürmten wild entschlossen in die Schlacht und schon bald flogen ihnen die Kugeln aus den Kugelschreibern um die Ohren. Der Kampf blieb lange unentschieden.

Weil aber die Bleistiftritter ihre Bleistifte immer wieder anspitzten, wurden die Bleistifte kleiner und kleiner – und eines Tages waren sie ganz verschwunden. Da war die Schlacht entschieden und die Bleistiftritter ergriffen die Flucht. Noch heute sagt man deshalb, wenn jemand so mir nichts, dir nichts das Weite sucht, er geht stiften!

Eine Schlacht später hatten auch die Kugelschreiberpiraten alle Kugeln verschossen. Die Bleistiftritter und die Kugelschreiberpiraten schlossen endlich Frieden und seitdem werden Stifte nur noch zum Schreiben verwendet. Zum Glück.«

Onkel Theo machte eine Pause, nahm einen Bleistift aus der Tasche und zeigte ihn den Kindern. »Seht her, so sieht ein Bleistift aus«, sagte er. Die Kinder lachten nur. Natürlich wussten sie genau, wie ein Bleistift aussieht!

»Aber wisst ihr auch, wie ein Bleistift gemacht wird?«, fragte Onkel Theo.

Die Kinder schüttelten den Kopf.

»Nun«, sagte Onkel Theo. »Dann werde ich es euch jetzt erklären. Sicher habt ihr euch schon oft gefragt, wie die Mine in das Holz hineinkommt. Wenn man es einmal weiß, ist es ganz logisch. Alles, was ihr braucht, ist eine Bleistiftmine und eine Kastanie. Die Mine steckt ihr in die Kastanie hinein und vergrabt anschließend beides in der Erde. Dann müsst ihr die Stelle jeden Tag ein bisschen mit Wasser begießen und bald sprießen die ersten grünen Blätter hervor. Nach nur zwei Jahren ist ein kleiner Kastanienbaum gewachsen. Mitten im Baumstamm befindet sich die Bleistiftmine. Jetzt müsst ihr nur noch die Blätter abzupfen und die Rinde herunterschälen – schon habt ihr einen wunderschönen Bleistift!«

»So ein Quatsch!«, riefen die Kinder.

»Was?«, fragte Onkel Theo. »Quatsch nennt ihr das? Und euch soll ich noch mal was erzählen?«

Doch weil die Kinder sehr darum baten, sagte Onkel Theo: »Also gut. Vielleicht ein anderes Mal. Aber für heute ist Schluss.«

Onkel Theo erzählt vom Hering

»So, liebe Kinder«, sagte Onkel Theo. »Heute werdet ihr mal wieder was lernen.« Die Kinder setzten sich auf Onkel Theos grünes Sofa und spitzten die Ohren. »Also«, sagte Onkel Theo. »Der Hering.« Und er kratzte sich am Kopf.

»Der Hering ist ein Tier, an dem sich manche Menschen ein Beispiel nehmen könnten. Er ist nämlich ausgesprochen sauber, denn der Hering badet für sein Leben gerne. Am liebsten liegt er von morgens bis abends im Wasser herum und manchmal badet er sogar mehrere Tage lang ohne Unterbrechung. Man könnte glauben, dass ihm das mit der Zeit langweilig wird oder dass er allmählich aufweicht. Aber der Hering langweilt sich im Wasser keinesfalls und er weicht auch nicht auf. Dem Hering macht das viele Wasser gar nichts aus. Der Hering ist nämlich ein Fisch.

Der Hering ist der klügste Fisch, den es gibt. Heringe brauchen nie in die Schule zu gehen, weil sie sowieso schon alles wissen. Das kommt daher, dass Heringe sehr viel lesen. Denn Lesen macht bekanntlich klug. Wenn zum Beispiel eine alte Zeitung ins Meer fällt, stürzen sich gleich zwölf Heringe darauf und lesen sich gegenseitig aus der Zeitung vor. Wenn die Heringe fertig gelesen haben, dann sind sie meist ein bisschen traurig.

»Schade«, sagen sie dann und wackeln mit den Schwänzen. »Schade, dass so wenig über uns Heringe in der Zeitung steht.«

Leider haben sie damit recht. Es steht wirklich viel zu wenig über Heringe in der Zeitung. Darum lesen die Heringe auch lieber Bücher, aber Bücher fallen seltener ins Meer.

Übrigens gibt es so viele Heringe, und sie wackeln manchmal so stark mit ihren Schwänzen, dass dann das ganze Meer wackelt. Sogar die größten Schiffe beginnen zu wackeln.

Das nennt man Wellen. Solche Wellen gibt es nur im Meer. In einem Bach oder in einem See gibt es keine Wellen, weil dort keine Heringe leben, die mit den Schwänzen wackeln. So, jetzt wisst ihr, wie die Wellen entstehen. Von eurem Onkel Theo könnt ihr eben immer etwas lernen.

Wenn die Heringe gerade mal nichts zu lesen haben und nicht mit den Schwänzen wackeln, springen sie aus dem Wasser heraus und fliegen ein bisschen durch die Luft. Heringe können nämlich hervorragend fliegen – besser als die meisten Vögel. Und manchmal fliegt sogar in unserer Gegend der eine oder andere Hering herum. Habt ihr schon einmal einen fliegenden Hering gesehen?«

Die Kinder schüttelten den Kopf.

»Seht mal, dort draußen!«, sagte Onkel Theo und zeigte aus dem Fenster. Auf dem Fensterbrett saß ein Tier. Es sah eigentlich eher aus wie ein Vogel, vielleicht wie eine Amsel, und ehe die Kinder es genauer betrachten konnten, war es auch schon weggeflogen.

»Habt ihr gesehen!«, rief Onkel Theo. »Das war ein fliegender Hering!«

»So ein Quatsch!«, riefen die Kinder.

»Was?«, fragte Onkel Theo. »Quatsch nennt ihr das? Und euch soll ich noch mal was erzählen?«

Doch weil die Kinder sehr darum baten, sagte Onkel Theo: »Also gut. Vielleicht ein anderes Mal. Aber für heute ist Schluss.«

Onkel Theo erzählt vom Elefanten

»So, liebe Kinder«, sagte Onkel Theo. »Heute werdet ihr mal wieder was lernen.« Die Kinder setzten sich auf Onkel Theos grünes Sofa und spitzten die Ohren. »Also«, sagte Onkel Theo. »Der Elefant.« Und er kratzte sich am Kopf.

»Der Elefant ist ein sehr großes Tier. Elefanten sind so groß, dass sie beim Versteckspielen meistens verlieren, denn solche großen Verstecke gibt es kaum. Ein Elefant ist schon von Weitem zu sehen. Aber wisst ihr, woran man einen Elefanten erkennt? Ich erkläre es euch.

Wenn ihr in den Zoo geht und ihr seht etwas, das ist groß und grün, dann ist es kein Elefant. Es ist vielleicht ein Hügel oder ein kleiner Berg, aber ein Elefant ist es nicht. Denn Elefanten sind grau. Wenn ihr etwas seht, das ist groß und grau, aber hat keinen Rüssel, dann ist es auch kein Elefant. Es ist vielleicht ein Fels, aber ein Elefant ist es nicht, denn Elefanten haben einen Rüssel. Seht ihr, das kann man sich ganz leicht merken: Elefanten sind groß und grau und haben einen Rüssel.

Jetzt wisst ihr also, woran man einen Elefanten erkennt. Und nun werdet ihr lernen, was man mit einem Elefanten alles machen kann.

Der Elefant ist nämlich ein besonders gutes Haustier. Gewöhnlich halten sich die Leute einen Hund oder eine Katze, ein Meerschweinchen oder einen Goldhamster. Aber die Leute sind dumm, denn Elefanten sind viel praktischer. Mit dem langen Rüssel kann der Elefant zum Beispiel ein Buch von einem ganz hohen Regal herunterholen. Oder er kann Schokolade aus dem obersten Schrankfach herausnehmen. Daher ist ein Elefant für Kinder besonders nützlich, denn oft liegt die Schokolade so hoch, dass Kinder nicht an sie herankommen.

Wer einen Elefanten im Haus hat, der braucht keine Leiter. Zum Beispiel kann ein Elefant eine kaputte Glühbirne aus einer Lampe herausdrehen und eine neue einsetzen.

Wer einen Elefanten im Haus hat, der braucht auch keine Feuerwehr. Wenn es brennt, dann steckt der Elefant einfach seinen Rüssel in einen Eimer voll Wasser und spritzt das Wasser wie aus einem Schlauch auf die Flammen. In null Komma nichts ist das Feuer gelöscht.

Weil der Elefant so nützlich ist, sollte eigentlich jede Familie einen Elefanten im Haus haben. Am besten wünscht ihr euch einen zum Geburtstag.

Damit sind eure Eltern doch bestimmt einverstanden, oder?«, fragte Onkel Theo.

Die Kinder schüttelten den Kopf.

»Wenn eure Eltern dagegen sind, müsst ihr ihnen nur sagen, dass ein Elefant noch weniger Arbeit macht als ein Hund. Man braucht bloß einmal am Tag eine halbe Stunde mit ihm spazieren zu gehen und alle zwei Wochen muss man ihn baden. Das ist schon alles. Dagegen haben eure Eltern bestimmt nichts.

Und wenn sie eines Tages die Wände in ihrer Wohnung oder ihrem Haus tapezieren und anstreichen wollen, dann leiht ihr ihnen einfach euren Elefanten aus. Mit seinem Rüssel macht er die Tapeten in Windeseile glatt und die Farbe spritzt er im Nu an die Wand. So praktisch ist ein Elefant.«

»So ein Quatsch!«, riefen die Kinder.

»Was?«, fragte Onkel Theo. »Quatsch nennt ihr das? Und euch soll ich noch mal was erzählen?«

Doch weil die Kinder sehr darum baten, sagte Onkel Theo: »Also gut. Vielleicht ein anderes Mal. Aber für heute ist Schluss.«

Onkel Theo erzählt vom Auto

»So, liebe Kinder«, sagte Onkel Theo. »Heute werdet ihr mal wieder was lernen.« Die Kinder setzten sich auf Onkel Theos grünes Sofa und spitzten die Ohren. »Also«, sagte Onkel Theo. »Das Auto.« Und er kratzte sich am Kopf.

»Natürlich wisst ihr alle, was ein Auto ist! Das ist so eine Art rollende Kiste, in die man sich hineinsetzt, um schnell von einem Ort zum anderen zu gelangen. Es gibt alte und neue Autos, große und kleine, langsame und schnelle.

Das kleinste Auto der Welt ist kaum größer als ein Stecknadelkopf. Es ist ein Spielzeugauto und steht in der Puppenstube einer koreanischen Prinzessin. Deren Lieblingsspiel ist es, ihre Puppen mit kleinen Puppen spielen zu lassen. Diese kleinen Puppen spielen mit noch kleineren Puppen, und die wiederum spielen mit dem kleinsten Auto der Welt.

Das kleinste echte Auto, also das kleinste Auto, mit dem ein Mensch fahren kann, ist so klein, dass der Fahrer mit dem Kopf aus dem offenen Dach herausschaut, weil er nicht ganz hineinpasst.

Das längste Auto der Welt ist über dreißig Meter lang. Trotzdem ist es nur für vier Personen geeignet: Es hat hinten zwei Sitze und vorne zwei und in der Mitte befindet sich ein Swimmingpool. Beim Fahren ist dieses verrückte Auto sogar noch ein bisschen länger, als wenn es auf dem Parkplatz steht. Der vordere Teil und der hintere Teil liegen nämlich so weit auseinander, dass sie nicht gleichzeitig starten. Wenn der vordere Teil losfährt, dauert es immer ein paar Sekunden, bis ihm der hintere folgt, und so zieht sich das Auto noch mehr in die Länge.

Beim Einparken ist es genau umgekehrt. Der vordere Teil bleibt zuerst stehen, während der hintere Teil noch ein Stück weiterfährt. Dabei wird das Auto wieder etwas kürzer und passt so perfekt in jede Parklücke.

Das ist gut so, denn in Amerika gibt es nicht viele Parkplätze. Am schlimmsten ist es in Chicago!

In Chicago gibt es unvorstellbar viele Autos. Zum Glück sind die Straßen dort sehr breit und haben mindestens sechs

oder acht Spuren, sodass die Autos nicht ständig im Stau stecken bleiben. Deswegen kommt man trotz der unzähligen Autos einigermaßen schnell voran.

Aber es ist völlig unmöglich, in Chicago einen Parkplatz zu finden. Die Leute aus Chicago machen das so: Wenn der Vater zum Beispiel mit dem Auto im Supermarkt gewesen ist, hält er vor der Haustür kurz an und lädt alle Sachen aus, die er gekauft hat. Dann fährt er einige Male rund um den Block. In der Zwischenzeit trägt die Mutter die Sachen in die Wohnung. Nach zwei, drei Stunden fährt der Vater noch immer in der Gegend herum, ohne einen Parkplatz gefunden zu haben. Irgendwann löst ihn die Mutter ab. Der Vater darf jetzt ein paar Stunden schlafen und die Mutter fährt mit dem Auto durch die Stadt. Noch später wechseln sich die beiden wieder ab. Und so geht es weiter, die ganze Nacht hindurch. Man nennt das Schichtdienst.

Jetzt wisst ihr, wie es zugeht bei der Parkplatzsuche in Chicago!

Aber wisst ihr auch, was die Leute in Chicago machen, wenn sie dann doch endlich mal einen Platz für ihr Auto gefunden haben?«

Die Kinder schüttelten den Kopf.

»Das ist doch ganz klar«, sagte Onkel Theo. »Dann lassen sie ihr altes Auto dort stehen und kaufen sich ein neues. Denn einen Parkplatz in Chicago möchte man nicht wieder verlieren!«

»So ein Quatsch!«, riefen die Kinder.

»Was?«, fragte Onkel Theo. »Quatsch nennt ihr das? Und euch soll ich noch mal was erzählen?«

Doch weil die Kinder sehr darum baten, sagte Onkel Theo: »Also gut. Vielleicht ein anderes Mal. Aber für heute ist Schluss.«

Onkel Theo erzählt vom Nashorn

»So, liebe Kinder«, sagte Onkel Theo. »Heute werdet ihr mal wieder was lernen.« Die Kinder setzten sich auf Onkel Theos grünes Sofa und spitzten die Ohren. »Also«, sagte Onkel Theo. »Das Nashorn.« Und er kratzte sich am Kopf.

»Das Nashorn heißt Nashorn, weil es auf der Nase ein großes Horn hat. Wenn es eine Warze auf der Nase hätte, würde

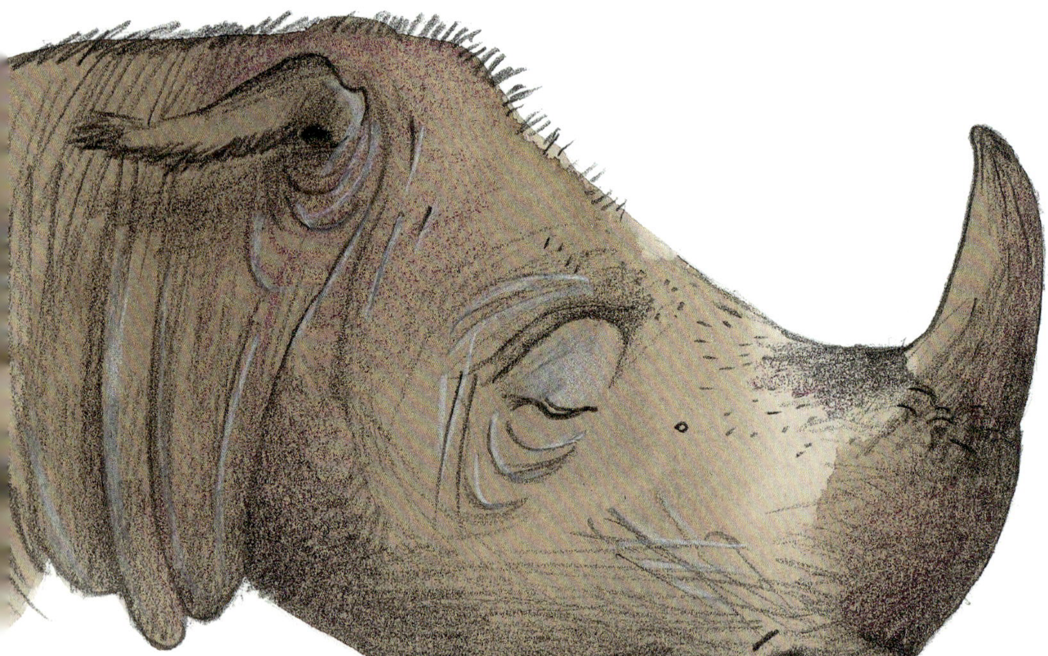

es Naswarze heißen. Wenn es gar nichts auf der Nase hätte, keine Warze und kein Horn, dann würde man es vielleicht Nas nennen, ohne Horn, aber das wäre doch ein ziemlich komischer Name, findet ihr nicht?

So ein Horn auf der Nase ist außerdem eine feine Sache. Man kann sich damit zum Beispiel wunderbar am Rücken kratzen. Und das Nashorn hat einen ziemlich großen Rücken! An manche Stellen kommt es mit seinen Nashornpfoten einfach nicht heran. Da wirft es kurzerhand den Kopf ein wenig nach hinten oder zur Seite und kratzt sich mit dem Horn, bis es nicht mehr juckt.

Das Nashorn lebt übrigens in einer sehr warmen Gegend, darum braucht es nicht viele Kleider. Vor langer Zeit waren die Nashörner jedoch für eine Weile umgezogen auf einen Eisberg, auf dem außer ihnen nur ein paar Eisbären lebten. Dort war es für die Nashörner natürlich ziemlich kalt und sie mussten dicke Wintermäntel tragen. Abends, wenn sie ins Bett gehen wollten, wurde es schwierig. Auf dem Eisberg gab es nämlich keine einzige Garderobe, an der die Nashörner ihre Mäntel aufhängen konnten. Ja, es gab nicht einmal einen Stuhl, auf dem es möglich gewesen wäre, seine Kleider abzulegen.

Das ärgerte die Nashörner sehr, denn Nashörner sind ordentliche Tiere. Aber schon bald hatten sie eine tolle Idee. Sie hängten ihre Wintermäntel einfach an die Hörner auf ihren Nasen! Da hingen die Mäntel wie an einem Kleiderhaken, sie wurden nur ein wenig im Wind geschüttelt und am nächsten Morgen sahen sie aus wie frisch gewaschen und gebügelt.

Einige Jahre später verließen die Nashörner die Eisberge wieder. Es war ihnen dort doch etwas zu kalt, vor allem in der Nacht. Sie ließen sich einfach von den Eisbergen ins Wasser

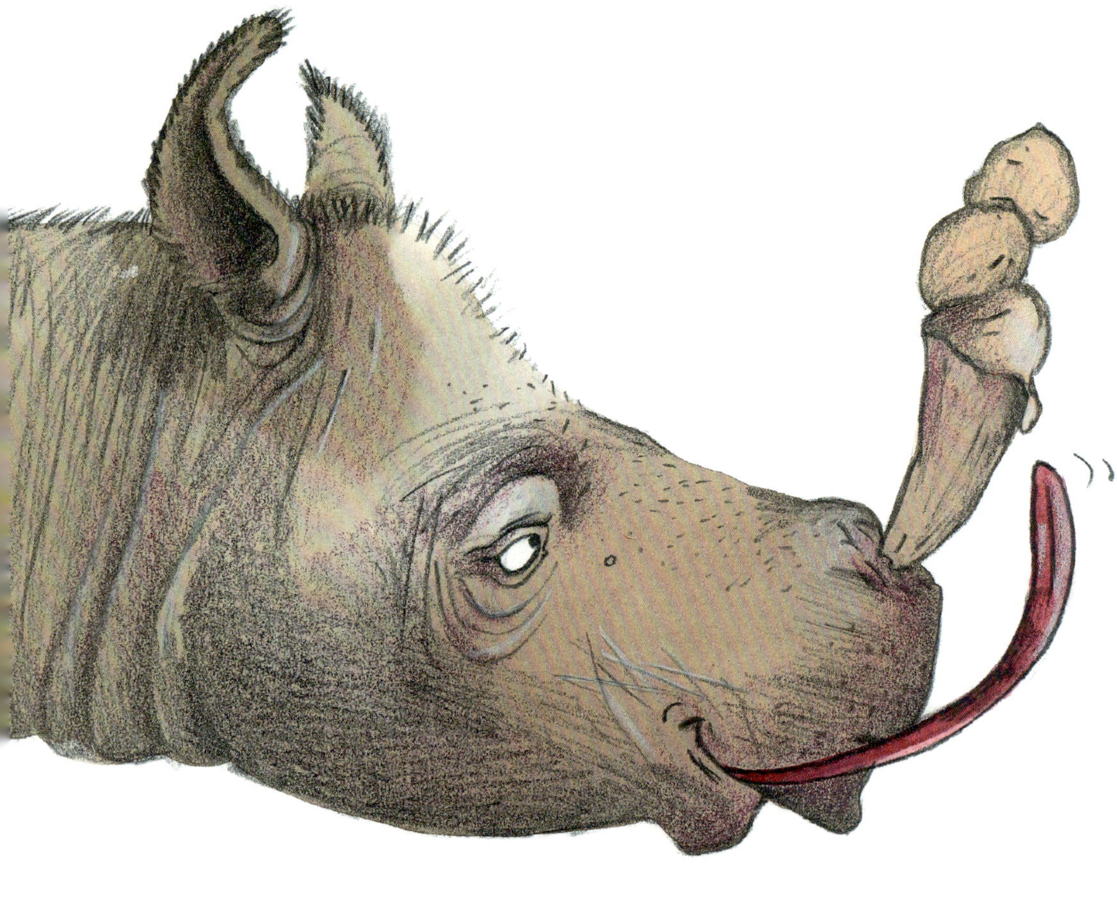

fallen und schwammen davon. Wenn ein Nashorn schwimmt, guckt nur das Horn aus dem Wasser heraus. Deshalb kann sich das Nashorn nie verirren, es schwimmt einfach seinem Horn hinterher. Praktisch, nicht wahr? Auf diese Weise gelangten die Nashörner schnell wieder in ihre warme Heimat.

In den Ländern, in denen die Nashörner heute leben, ist es die meiste Zeit glühend heiß. Darum isst ein Nashorn für sein Leben gern Eis. Es mag Vanilleeis, Zitrone und Erdbeer. Aber am liebsten isst es nashornfarbiges Nusseis. Und wisst ihr, was das Nashorn macht, wenn es einen Eisbecher haben möchte?«

Die Kinder schüttelten den Kopf.

»Nun«, sagte Onkel Theo. »Eigentlich ist das ganz klar. Das Horn vom Nashorn ist innen nämlich hohl. Wenn das Nashorn ein Eis essen will, nimmt es einfach sein Horn von der Nase herunter und schon hat es die herrlichste Eistüte. Und wenn das Nashorn fertig gegessen hat, setzt es sich das Horn wieder auf die Nase.«

»So ein Quatsch!«, riefen die Kinder.

»Was?«, fragte Onkel Theo. »Quatsch nennt ihr das? Und euch soll ich noch mal was erzählen?«

Doch weil die Kinder sehr darum baten, sagte Onkel Theo: »Also gut. Vielleicht ein anderes Mal. Aber für heute ist Schluss.«

Onkel Theo erzählt vom Schuh

»So, liebe Kinder«, sagte Onkel Theo. »Heute werdet ihr mal wieder was lernen.« Die Kinder setzten sich auf Onkel Theos grünes Sofa und spitzten die Ohren. »Also«, sagte Onkel Theo. »Der Schuh.« Und er kratzte sich am Kopf.

»Der Schuh ist ein Ding aus Leder oder aus Stoff, in das man seine Füße hineinsteckt. Warum man das macht, weiß ich eigentlich auch nicht so genau. Vielleicht, damit es nicht auffällt, wenn man seine Füße nicht gewaschen hat.

Manche Leute glauben auch, dass man in Schuhen besser laufen könne als barfuß. Aber das kann nicht sein, denn es gibt nicht nur Schuhe für die Füße, sondern auch welche für die Hände. Und trotzdem laufen die meisten Menschen nicht auf den Händen, nur weil sie Handschuhe tragen.

Andere Leute sagen, man brauche Fußschuhe und Handschuhe, um sich vor der Kälte zu schützen. Aber auch das kann nicht stimmen, denn es gibt zum Beispiel keine Ohrenschuhe oder Nasenschuhe, obwohl mir manchmal ganz schön kalt ist an meiner Nase und an den Ohren.

Also, Kinder, könnt ihr mir vielleicht sagen, wozu man Schuhe braucht?«

Die Kinder schüttelten den Kopf.

»Ich weiß es auch nicht«, sagte Onkel Theo. »Dafür weiß

ich aber etwas anderes: Heute erzähle ich euch nämlich, wie der Schuh erfunden wurde. Das war an einem schönen Sommermorgen mitten in der Barockzeit. Das ist schon ziemlich lange her, da gab es noch adlige Herren, die weiße Perücken trugen und von morgens bis abends vornehme Verbeugungen machten.

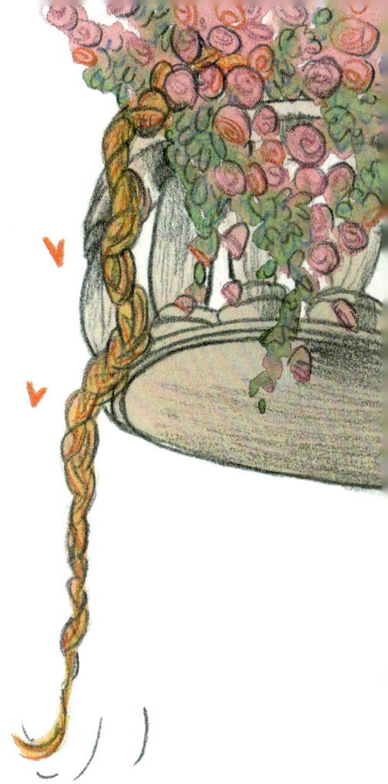

Einer dieser adligen Herren hieß Graf Tuppes vom Tettenbusch. Er war unsterblich verliebt in ein Fräulein namens Berta vom Burgring. Deshalb wollte Graf Tuppes vom Tettenbusch dem Fräulein Berta vom Burgring einen Strauß mit wunderschönen Rosen schenken.

Leider hatte zu der Zeit noch niemand die Blumenvase erfunden und so stellte sich Graf Tuppes eine schwierige Frage: Wohin mit den Rosen?

Aber Graf Tuppes vom Tettenbusch hatte eine Idee. Er beschloss, die Blumenvase zu erfinden. Er nahm sich ein Stück weiches Leder und nähte es zu einem Gefäß zusammen. Unten herum verwendete er hartes Leder.

Als er fertig war, füllte Graf Tuppes vom Tettenbusch Wasser hinein. Aber was geschah? Die Nähte waren nicht dicht genug und das Wasser lief aus der Vase hinaus. Nein, als Blumenvase war seine Erfindung wirklich nicht zu gebrauchen.

Graf Tuppes überlegte sich, was er nun machen sollte mit seinem schönen Gefäß. Und da wurde ihm klar, dass er den Schuh erfunden hatte. Er zog ihn sich über den linken Fuß, ging zu Fräulein Berta vom Burgring, machte sieben vornehme Verbeugungen und schenkte ihr die Rosen. Das heißt, eigentlich ging er nicht, sondern er hüpfte auf einem Bein, denn er hatte ja nur einen Schuh. Den linken. Einige Zeit später erfand er dann auch noch den rechten Schuh und heute sind Schuhe längst nichts Besonderes mehr.«

»So ein Quatsch!«, riefen die Kinder.

»Was?«, fragte Onkel Theo. »Quatsch nennt ihr das? Und euch soll ich noch mal was erzählen?«

Doch weil die Kinder sehr darum baten, sagte Onkel Theo: »Also gut. Vielleicht ein anderes Mal. Aber für heute ist Schluss.«

Onkel Theo erzählt vom Kaugummi

»So, liebe Kinder«, sagte Onkel Theo. »Heute werdet ihr mal wieder was lernen.« Die Kinder setzten sich auf Onkel Theos grünes Sofa und spitzten die Ohren. »Also«, sagte Onkel Theo. »Der Kaugummi.« Und er kratzte sich am Kopf.

»Bestimmt habt ihr alle schon einmal einen Kaugummi gesehen. Das ist ein kleines Ding, manchmal ist es eine Kugel und manchmal ist es ein Streifen, und es sieht gar nicht aus wie ein Stück **Gummi**. Erst wenn man den Streifen in den Mund steckt und darauf herumkaut, wird richtiger weicher Gummi daraus. Und dann kann man ihn wieder aus dem Mund nehmen und allerhand Unfug damit anstellen. Aber man kann auch nützliche Dinge damit machen, wie zum Beispiel Sport treiben. Sport ist nämlich gesund und darum äußerst nützlich.

In Amerika finden jedes Jahr im Sommer die großen Kaugummimeisterschaften statt. Eine der vielen Disziplinen ist das Kaugummiwettkauen. Beim **Kaugummiwettkauen** muss jeder so viele Kaugummis in den Mund stecken, wie er nur kann. Und wer die meisten Kaugummis gleichzeitig kaut, hat gewonnen. Leider gewinnen dabei immer die, die das größte Mundwerk haben. Das ist nicht ganz gerecht, aber so ist es oft im Leben.

Außerdem gibt es das Kaugummiweitspucken. Wer seinen Kaugummi am weitesten spucken kann, hat gewonnen. Und noch schöner ist das Kaugummiziehen. Bei diesem Spiel braucht man zwei Mannschaften. Es ist so ähnlich wie Tauziehen – der einzige Unterschied ist, dass man kein Seil, sondern einen Kaugummi nimmt, und daran ziehen beide Mannschaften so lange, bis eine Mannschaft nachgibt und umfällt. Und die Mannschaft, die nicht umgefallen ist, hat gewonnen.

Man kann noch viel mehr machen mit einem Kaugummi. Wisst ihr, wozu Kaugummis noch gut sind?«

Die Kinder schüttelten den Kopf.

»Das wisst ihr bestimmt«, sagte Onkel Theo: »Man kann große Kaugummiblasen machen. Aber pssst! Das soll man nämlich eigentlich nicht. Und ich erzähl euch auch, warum. Einmal hat ein Junge einen Kaugummi gekaut und gepustet und gepustet ... Schon hatte er eine wunderschöne Kaugummiblase vor dem Gesicht, die größer war als ein Tennisball. Der Junge pustete immer weiter und die Blase wuchs und wuchs. Sie wurde so groß wie ein Fußball. Der Junge pustete und pustete. Bald war die Blase größer als eine Wassermelone. Der Junge pustete und pustete noch einmal kräftig, bis die Kaugummiblase so groß war wie ein Heißluftballon ... und plötzlich vom Boden abhob. Sie flog gut und gerne fünfzig Meter hoch – und der Junge hing unten dran! Da kam eine Krähe und pikste mit ihrem Schnabel in den Fesselballon. Die Kaugummiblase platzte und der Junge fiel herunter. Zum Glück hatte jemand die Feuerwehr gerufen und so landete der Junge nicht auf dem harten Boden, sondern im ausgebreiteten Sprungtuch. Das war gerade noch mal gut gegangen. Nur die Krähe hatte jetzt den ganzen Kaugummi im Gesicht. Sie ärgerte sich ziemlich und flog zeternd davon. Und jetzt wisst ihr, warum man keine Kaugummiblasen machen soll.

Weil sich dann die Krähen ärgern. Und das wollt ihr doch nicht, oder?«

»So ein **Quatsch!**«, riefen die Kinder.

»Was?«, fragte Onkel Theo. »Quatsch nennt ihr das? Und euch soll ich noch mal was erzählen?«

Doch weil die Kinder sehr darum baten, sagte Onkel Theo: »Also gut. Vielleicht ein anderes Mal. Aber für heute ist Schluss.«

Onkel Theo erzählt vom Murmeltier

»So, liebe Kinder«, sagte Onkel Theo. »Heute werdet ihr mal wieder was lernen.« Die Kinder setzten sich auf Onkel Theos grünes Sofa und spitzten die Ohren. »Also«, sagte Onkel Theo. »Das Murmeltier.« Und er kratzte sich am Kopf.

»Vielleicht wisst ihr nicht, was ein Murmeltier ist. Aber vielleicht wisst ihr, was Klicker sind. Klicker sind kleine Glaskugeln, mit denen man spielen kann. Diese Kugeln haben in jeder Gegend einen anderen Namen. Manche Kinder sagen dazu Knicker, andere sagen Marmeln. Die Glaskugeln heißen

auch Schusser, Schneller oder Bugger. Andere sagen Picker oder Bickel und wieder andere nennen sie: Murmeln.

Bestimmt habt ihr euch schon einmal gefragt, wie es kommt, dass die Klicker, die Knicker, die Marmeln, die Schusser, die Schneller, die Bugger, die Picker, die Bickel, die Murmeln so schnell über den Boden rollen. Nun, ich erkläre es euch: In jedem Klicker sitzt ein kleines Tierchen. Es ist ungefähr so groß wie eine Ameise, und weil es im Klicker wohnt, nennt man es das Klickertierchen. In manchen Gegenden sagt man auch Knickertierchen oder Marmeltierchen dazu. Oder Schussertierchen, Schnellertierchen, Buggertierchen. Andere sagen Pickertierchen oder Bickeltierchen und wieder andere

nennen dieses kleine Tierchen das Murmeltier. Mit dem Murmeltier ist das so: Wenn man mit den Fingern an den Klicker schnippt, dann beginnt das kleine Murmeltier zu laufen. Es läuft und läuft, es läuft und läuft, es läuft immer schneller, ungefähr so, wie ein Hamster in seinem Laufrad herumläuft. Und was passiert, wenn ein Hamster im Laufrad herumläuft? Richtig, das Rad dreht sich! Genauso ist es beim Klicker. So, wie sich das Laufrad im Hamsterkäfig dreht, so beginnt sich auch der Klicker zu drehen, und dann rollt er davon.

Irgendwann aber wird es dem Murmeltier zu anstrengend. Es hat keine Puste mehr und hört auf zu laufen. Dann rollt der Klicker langsamer und bleibt plötzlich irgendwo liegen. Jetzt wisst ihr also, warum das so ist! Deshalb rollen die Klicker, die Knicker, die Marmeln, die Schusser, die Schneller, die Bugger, die Picker, die Bickel, die Murmeln.

Das Murmeltier verlässt niemals seine Murmel. Für ein Murmeltier ist das Innere der Murmel der schönste Platz der Welt. Das Murmeltier braucht keine Luft und es hat keinen Hunger. Nur alle paar Monate muss es etwas Tomatensaft trinken, damit es klein und stark bleibt.

Jetzt könnt ihr euch auch bestimmt denken, was man machen muss, wenn eine der kleinen Kugeln nicht mehr so richtig rollen will?«

Die Kinder schüttelten den Kopf.

»Aber das ist doch ganz leicht!«, rief Onkel Theo. »Man legt die Kugel einfach für ein paar Stunden in ein Glas Tomatensaft. Dann hat sich das Murmeltier wieder den Bauch vollgetrunken und der Klicker, der Knicker, die Marmel, der Schusser, der Schneller, der Bugger, der Picker, der Bickel, die Murmel rollt so geschwind wie der Wind!«

»So ein Quatsch!«, riefen die Kinder.

»Was?«, fragte Onkel Theo. »Quatsch nennt ihr das? Und euch soll ich noch mal was erzählen?«

Doch weil die Kinder sehr darum baten, sagte Onkel Theo: »Also gut. Vielleicht ein anderes Mal. Aber für heute ist Schluss.«

Onkel Theo erzählt vom Nichts

»So, liebe Kinder«, sagte Onkel Theo. »Heute werdet ihr mal wieder was lernen.« Die Kinder setzten sich auf Onkel Theos grünes Sofa und spitzten die Ohren. »Also«, sagte Onkel Theo. »Das Nichts.« Und er kratzte sich am Kopf.

»Man sollte glauben, dass es über das Nichts nicht viel zu sagen gibt. Es ist nicht da und damit hat es sich. Aber war es immer schon nicht da oder ist es plötzlich verschwunden?

Früher muss es das Nichts gegeben haben, soviel ist sicher.

Vor rund zwanzig Jahren hat jedenfalls ein Mann in irgendeinem dicken alten Märchenbuch folgenden Satz gelesen: *Nichts ist schwerer als Blei*.

›Na toll‹, seufzte der Mann. Er war

bis dahin ungeheuer stolz gewesen auf seinen besonders schweren Briefbeschwerer aus Blei.

›Nichts ist schwerer als Blei!‹, sagte der Mann enttäuscht. ›Also ist mein besonders schwerer Briefbeschwerer aus Blei nur der zweitbeste!‹

Der Mann schimpfte und schlabberte sich dabei vor Ärger Kaffee über die Hose.

Also ging er in die Stadt und kaufte ein Paket Blitzi-Waschmittel. Auf dem Heimweg las er die Aufschrift auf der Verpackung: *Nichts wäscht besser als Blitzi!*

›Ist ja nicht zu fassen‹, sagte der Mann. ›Nichts wäscht besser als Blitzi! Wenn ich das vorher gewusst hätte! Jetzt habe ich mir ausgerechnet ein riesiges Paket Blitzi gekauft.‹

Und tatsächlich ging der Fleck mit Blitzi nicht raus.

Der Mann brachte die Hose in die Reinigung. Er zeigte der Frau von der Reinigung den Kaffeefleck, aber die schüttelte nur den Kopf und sagte: ›Den Fleck kriegen Sie mit nichts raus.‹

›Das weiß ich selbst‹, sagte der Mann.

›Ich kann nichts machen‹, sagte die Frau.

›Ja, bitte!‹, rief der Mann. ›Tun Sie das! Machen Sie nichts! Ich brauche nichts!‹

Die Frau von der Reinigung sah den Mann nur stumm an, mit großen Augen und offenem Mund. Sie hatte wohl bloß angegeben. Helfen konnte sie ihm jedenfalls nicht.

Der Mann nahm seine Hose wieder mit und ging nach Hause. Seitdem suchte er überall nach diesem wunderbaren Nichts, das schwerer war als Blei und besser wusch als Blitzi.

Und was glaubt ihr wohl, ob er es irgendwann entdeckt hat?«

Die Kinder schüttelten den Kopf.

»Natürlich hat er nichts gefunden!«, sagte Onkel Theo. »Man muss nur Geduld haben. Eines Tages fand er zufällig nichts in einer Straßenbahn, wo anscheinend jemand nichts vergessen hatte. Nur leider war der Mann sehr unachtsam. Auf dem Heimweg hat er nichts verloren und seitdem ist nichts für immer verschwunden.«

»So ein Quatsch!«, riefen die Kinder.

»Was?«, fragte Onkel Theo. »Quatsch nennt ihr das? Und euch soll ich noch mal was erzählen?«

Doch weil die Kinder sehr darum baten, sagte Onkel Theo: »Also gut. Vielleicht ein anderes Mal. Aber heute erzähle ich – nichts!«

Onkel Theo erzählt vom Telefon

»So, liebe Kinder«, sagte Onkel Theo. »Heute werdet ihr mal wieder was lernen.« Die Kinder setzten sich auf Onkel Theos grünes Sofa und spitzten die Ohren. »Also«, sagte Onkel Theo. »Das Telefon.« Und er kratzte sich am Kopf.

»Das Telefon wurde schon in der Steinzeit erfunden. Damals war es aus einem Mammutknochen geschnitzt und sah einem heutigen Telefon schon sehr ähnlich. Nur telefonieren konnte man damit nicht.

›Tolles Ding‹, staunten die Steinzeitmenschen. Jeder von ihnen trug so einen Knochen mit sich herum. Aber was machte man nur damit? Die Steinzeitmenschen hatten keine Ahnung.

Später kam jemand auf die Idee, dass man in so ein Telefon hineinsprechen könnte. Da begannen alle Leute, mit ihrem Knochen zu reden. Außer dem Knochen hörte es natürlich niemand – oder nur jemand, der ganz in der Nähe war.

Noch etwas später probierte ein Erfinder ein bisschen herum. Er änderte das Material, steckte ein paar Kabel hinein und bald konnte man in ein Telefon hineinsprechen und aus einem anderen Telefon kam alles wieder heraus. So begannen die Leute, sich über Telefon miteinander zu unterhalten. Das nennt man bis heute telefonieren.

Seitdem wurden immer tollere Telefone erfunden. Das verrückteste Telefon, das es gibt, ist das sogenannte Superhandy. Man kann darauf kleine Geschichten schreiben, man kann damit fotografieren, und es hat einen kleinen Bildschirm, auf dem man sich die Bilder danach anschauen kann. Und nicht nur Bilder, sondern auch richtige Filme. Und

Radio hören und Computerspiele spielen kann man mit diesem Handy natürlich auch.

Per Funk ist das Superhandy mit allen wichtigen Geräten im Haus verbunden. Es kann die Kaffeemaschine einschalten, den Herd oder die Waschmaschine. Wenn man mit dem Auto nach Hause kommt, öffnet es die Garage und schaltet

das Licht an. Und auf dem Bildschirm des Superhandys kann man erkennen, ob sich im Kühlschrank noch genug zu essen befindet.

Besonders praktisch ist die eingebaute Heizfunktion. Im Superhandy befindet sich nämlich eine kleine Heizröhre, sodass man sich im Winter die Hände daran wärmen kann. Wenn man es in eine Tasse kalten Kakao tunkt, wird der Kakao in Sekunden warm, und weil das Superhandy auch ein Gebläse hat, kann man es nach dem Schwimmen als Föhn benutzen.

Ihr seht also, so ein Superhandy ist ziemlich praktisch und vielfach einsetzbar. Aber wisst ihr, was man nicht damit machen kann?«

Die Kinder schüttelten den Kopf.

»Nun ja«, sagte Onkel Theo. »Man kann es wirklich zu fast allem gebrauchen. Nur telefonieren kann man leider nicht damit. Das haben die klugen Erfinder anscheinend vergessen.«

»So ein Quatsch!«, riefen die Kinder.

»Was?«, fragte Onkel Theo. »Quatsch nennt ihr das? Und euch soll ich noch mal was erzählen?«

Doch weil die Kinder sehr darum baten, sagte Onkel Theo: »Also gut. Vielleicht ein anderes Mal. Aber für heute ist Schluss.«

Onkel Theo erzählt vom Radiergummi

»So, liebe Kinder«, sagte Onkel Theo. »Heute werdet ihr mal wieder was lernen.« Die Kinder setzten sich auf Onkel Theos grünes Sofa und spitzten die Ohren. »Also«, sagte Onkel Theo. »Der Radiergummi.« Und er kratzte sich am Kopf.

»Der Radiergummi ist ein kleines, weiches Ding. Manche Radiergummis sind rund, manche sind eckig. Es gibt sie in vielen verschiedenen Farben. Kaum zu glauben, dass dieses kleine Gummiding ein richtiges lebendiges Tier ist – aber so ist es! Und nicht nur irgendein Tier – der Radiergummi ist das hungrigste Tier der Welt!

Der Radiergummi mag fast alle Sachen, die man auf Papier gezeichnet hat. Er frisst für sein Leben gern Buchstaben, aber wenn man gerade eine Stadt gezeichnet hat, dann verputzt der Radiergummi auch schon mal in wenigen Sekunden ein ganzes Haus.

Am liebsten frisst der Radiergummi Bleistiftzeichnungen. Füller oder Kugelschreiber bekommen ihm nicht so gut, denn davon kriegt er Bauchweh.

Aber das Merkwürdigste ist: Der Radiergummi wird nicht etwa dick, wenn er so viel frisst. Nein, im Gegenteil! Je mehr er frisst, desto dünner wird er. Wenn ein Radiergummi sich den Bauch so richtig vollradiert hat, dann ist er fast nicht mehr zu sehen.

Der hungrigste Radiergummi, den es jemals gab, hatte, als er noch ganz jung war, die Größe eines Fußballs. Er fraß nicht nur Zeichnungen, sondern alles, was ihm so über den Weg lief. Am liebsten fraß er Jakubäume, aber ansonsten nahm er, was er gerade so kriegen konnte.

Einmal hat dieser Riesenradiergummi ein ganzes Haus wegradiert, das ihm zufällig in die Quere kam. Alle Leute, die in dem Haus gewohnt hatten, mussten in ein Hotel umziehen. Nachdem er das Haus gefressen hatte, war der Radiergummi übrigens nur noch so groß wie ein Ei.

Nun ist es natürlich nicht gut, wenn ein Radiergummi Häuser frisst. Denn wo sollen die Leute dann wohnen?

Aber die Leute aus dem wegradierten Haus hatten eine Idee. Könnt ihr euch vorstellen, was sie gemacht haben?«

Die Kinder schüttelten den Kopf.

»Nun«, sagte Onkel Theo. »Das ist ganz einfach. Der Riesenradiergummi fraß, wie ihr nun wisst, für sein Leben gern Jakubäume. Darum setzten ihn die Leute in einen Wald voller Jakubäume, wo er den lieben langen Tag nichts anderes fraß. Die Häuser ließ er fortan in Ruhe. Und jedes Mal wenn er in einem Wald alle Jakubäume aufgefressen hatte, trugen die Leute den Radiergummi einfach in einen anderen Wald. So ging es immer weiter, bis es eines Tages keine Jakubäume mehr gab. Aber zum Glück hatte der Radiergummi in der Zwischenzeit so viel gefressen, dass er ganz verschwunden war. Und so brauchten die Leute keine Angst mehr um ihre Häuser zu haben.

Seitdem gibt es nur noch gewöhnliche Radiergummis. Solche, die Buchstaben und Bilder fressen. Und auf der ganzen Welt wächst kein einziger Jakubaum mehr. Das ist wirklich wahr! Schaut ruhig im Lexikon nach. Es gibt Hunderte verschiedener Bäume, aber Jakubäume gibt es nicht.«

»So ein Quatsch!«, riefen die Kinder.

»Was?«, fragte Onkel Theo. »Quatsch nennt ihr das? Und euch soll ich noch mal was erzählen?«

Doch weil die Kinder sehr darum baten, sagte Onkel Theo: »Also gut. Vielleicht ein anderes Mal. Aber für heute ist Schluss.«

Onkel Theo erzählt von der Giraffe

»So, liebe Kinder«, sagte Onkel Theo. »Heute werdet ihr mal wieder was lernen.« Die Kinder setzten sich auf Onkel Theos grünes Sofa und spitzten die Ohren. »Also«, sagte Onkel Theo. »Die Giraffe.« Und er kratzte sich am Kopf.

»Die Giraffe ist ein Tier, das zum größten Teil aus Hals besteht. Oben auf dem Hals sitzt ein Kopf und irgendwo am unteren Ende hängt ein Bauch mit vier langen Beinen.

Der Hals ist so lang, dass eine Giraffe ungefähr sechs Stunden, bevor sie Hunger hat, mit dem Fressen beginnt. So lange dauert es nämlich, bis die Nahrung durch den Hals gerutscht und im Bauch angekommen ist.

Überhaupt hat es eine Giraffe nicht leicht. Sie ist leider ziemlich kurzsichtig und kann nicht gut erkennen, was sich unten, weit weg von ihren Augen, auf dem Boden befindet. Deshalb frisst sie auch kein Gras, sondern lieber die Blätter von hohen Bäumen. Wenn sie trinken möchte, sucht sie nach einem Wasserfall, wo das Wasser von oben kommt, denn eine Quelle oder ein Bach ist nicht so leicht zu finden, wenn da unten alles so verschwommen aussieht. Falls die Giraffe keinen Wasserfall findet, wartet sie auf Regen und sperrt dann einfach ihr Maul weit auf.

Dort, wo die Giraffen wohnen, regnet es allerdings sehr selten. Manchmal bleibt der Giraffe also nichts anderes übrig, als doch aus einer Quelle oder einem Bach zu trinken. Dazu läuft sie eine Weile in der Gegend herum, bis plötzlich ihre Füße nass werden. Dann weiß sie: Sie steht in einem Bach! Und weil sie sich nicht sehr gern so tief bückt, schlägt sie kurzerhand einen Purzelbaum seitwärts und versucht beim Purzeln einen Schluck Wasser zu erhaschen.

Nur wenige wissen übrigens, dass Giraffen ziemlich vergessliche Tiere sind. Sicher habt ihr schon mal gehört, dass man über jemanden, der sehr vergesslich ist, sagt: ›Der vergisst noch seinen Kopf.‹ Giraffen vergessen manchmal tatsächlich, dass sie einen Kopf haben! Was auch kein Wunder ist, wenn der Kopf irgendwo weit entfernt in der Luft schwebt.

Giraffen vergessen, wie sie heißen, wo sie wohnen, wie alt sie sind. Und weil Giraffen fressen müssen, lange bevor sie Hunger haben, vergessen sie sogar das manchmal. Da wird's dann gefährlich, denn fressen müssen Giraffen.

Aber zum Glück wissen sich die Giraffen zu helfen, denn sie haben einen guten Trick. Immer wenn sich eine Giraffe an etwas erinnern möchte, macht sie sich einfach einen Knoten in den Hals. Später wundert sie sich, warum sie den Knoten im Hals hat, und dann fällt ihr ein: Ach, richtig, die Sonne ist aufgegangen. Ich sollte jetzt eine Kleinigkeit zu Mittag essen.

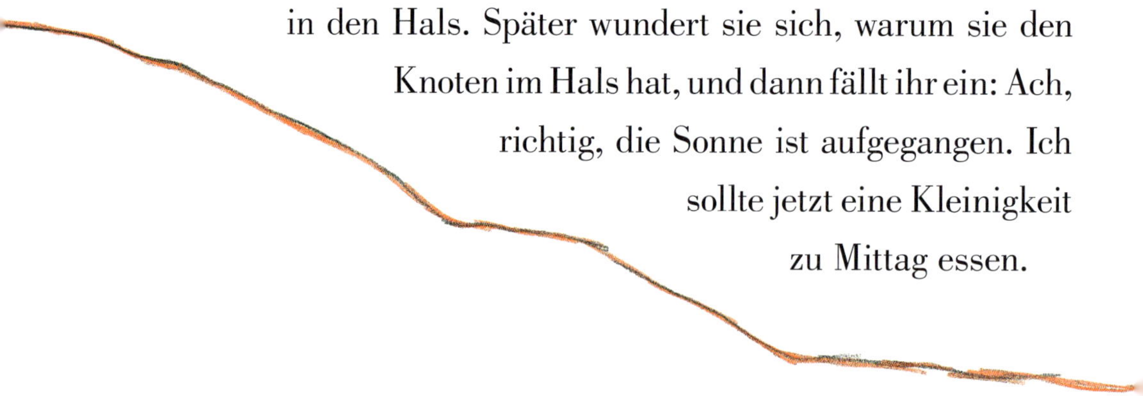

So machen das die Giraffen. Aber wisst ihr auch, warum Giraffen vorsichtig sein müssen, wenn sie einander lieb haben?«

Die Kinder schüttelten den Kopf.

»Wenn zwei Giraffen sich sehr gerne mögen, umarmen sie sich natürlich nicht mit den Armen, sondern mit den Hälsen. Sie umhalsen sich also. Dabei kann es passieren, dass sich die Hälse verknoten. Und so einen Knoten kriegt man nur sehr schwer wieder auseinander. Deshalb müssen Giraffen aufpassen beim Umhalsen.«

»So ein Quatsch!«, riefen die Kinder.

»Was?«, fragte Onkel Theo. »Quatsch nennt ihr das? Und euch soll ich noch mal was erzählen?«

Doch weil die Kinder sehr darum baten, sagte Onkel Theo: »Also gut. Vielleicht ein anderes Mal. Aber für heute ist Schluss.«

Onkel Theo erzählt vom Radio

»So, liebe Kinder«, sagte Onkel Theo. »Heute werdet ihr mal wieder was lernen.« Die Kinder setzten sich auf Onkel Theos grünes Sofa und spitzten die Ohren. »Also«, sagte Onkel Theo. »Das Radio.« Und er kratzte sich am Kopf.

»Das Radio ist ein kleiner, unscheinbarer Kasten und doch ist es ein wunderbares Ding. Das wisst ihr natürlich: Das Radio kann sprechen und Musik machen. Aber bestimmt fragt ihr euch, wie die ganze Sache funktioniert.

Gut, ich werde euch jetzt erklären, wie das Radio eine Gutenachtgeschichte erzählt. Hört genau zu, es ist nicht ganz einfach. Man muss dazu nämlich wissen, wie es innen im Radio zugeht.

Außen am Radio befindet sich ein kleiner Knopf. Auf diesen Knopf muss man drücken, dann geht das Radio an. Im Inneren des Radios ist an dem Knopf eine lange Schnur befestigt. Wenn man auf den Knopf drückt und das Radio angeht, zieht sich die Schnur ein bisschen nach vorn. Am anderen Ende ist die Schnur um ein kleines Rad gewickelt. Wenn man auf den Knopf drückt, das Radio angeht und die Schnur sich ein bisschen nach vorn zieht, dann dreht sich das Rad. Dieses Rad ist mit einer eisernen Stange verbunden. Wenn man auf den Knopf drückt, das Radio angeht, die

Schnur sich ein bisschen nach vorn zieht und das Rad sich dreht, dann schlägt die Stange auf einen Gong und macht ein lautes Geräusch. Der Gong befindet sich in einem kleinen Zimmer. In dem Zimmer lebt eine Frau, die so winzig ist, dass sie in ein Radio hineinpasst. Die winzige Frau sitzt in einem weichen Sessel und schläft. Wenn man auf den Knopf drückt, das Radio angeht, die Schnur sich ein bisschen nach vorn zieht, das Rad sich dreht, die Stange auf den Gong schlägt und ein lautes Geräusch macht in dem kleinen Zimmer, wo die winzige Frau in einem weichen Sessel sitzt und schläft – Gong! –, dann wacht die winzige Frau auf und erzählt eine Gutenachtgeschichte.

So funktioniert das also. Habt ihr das gewusst?«

Die Kinder schüttelten den Kopf.

»Jetzt wisst ihr Bescheid«, sagte Onkel Theo. »Und es gibt noch viel mehr solcher Zimmer. In einem sitzt ein Mann mit einer Posaune, in einem anderen sogar eine ganze Musikkapelle! Außen am Radio befindet sich ein Rädchen – wenn ihr daran dreht, schlägt der Gong in einem der anderen Zimmer. Dann wachen die Musiker auf und machen Musik.

Aber was tut dann die Frau, die die Geschichten vorliest? Erst liest sie noch ein bisschen weiter, bis sie plötzlich merkt, dass ihr niemand mehr zuhört. Dann ist sie meist ein bisschen traurig, hört auf zu lesen und schläft bald darauf ein.

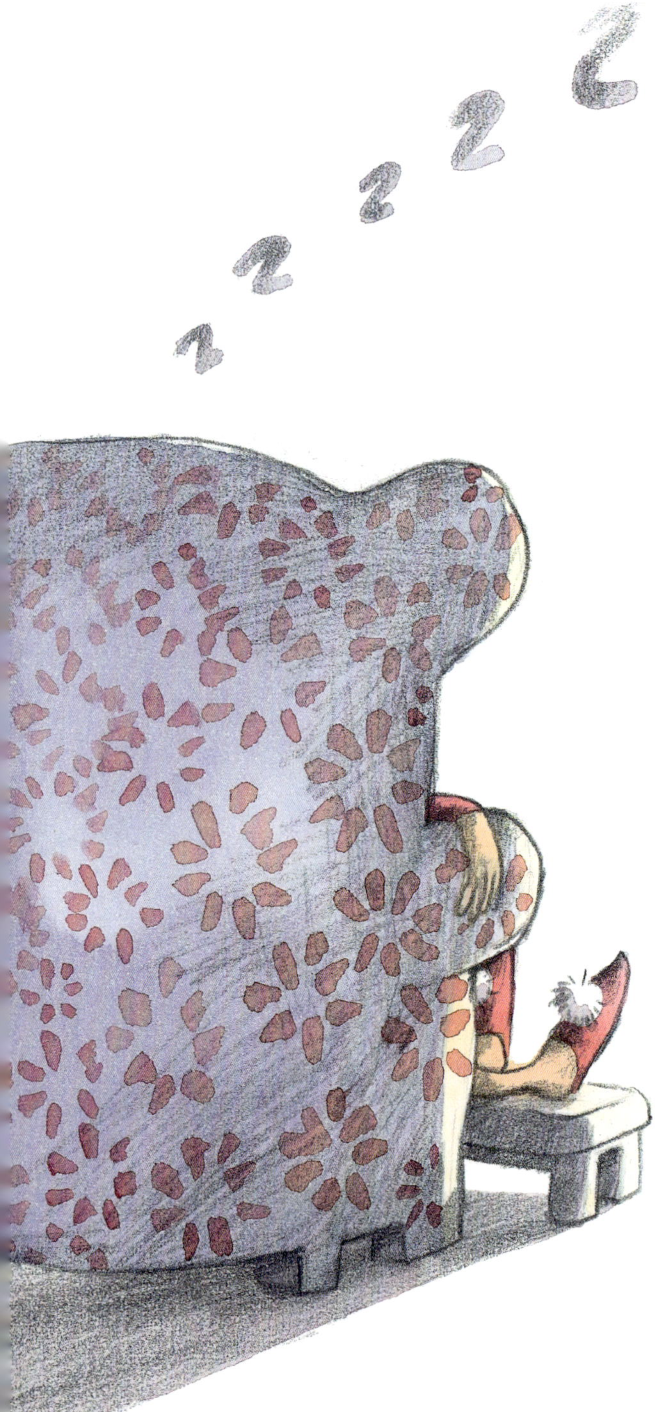

Wenn ihr also das nächste Mal im Radio eine Geschichte hört, könnt ihr die winzige Frau trösten. Dazu braucht ihr nur auf das Radio zu klopfen, sobald ihr es ausgeschaltet habt. Ein Mal klopfen heißt: Die Geschichte war langweilig. Und drei Mal klopfen heißt: Das war eine tolle Geschichte.

Die winzige Frau hört das Klopfen im Schlaf. Wenn ihr nur ein Mal klopft, dann schläft sie die ganze Nacht sehr unruhig und versucht, sich bessere Geschichten auszudenken. Aber wenn ihr drei Mal klopft, dann träumt sie vor Freude einen wunderschönen Traum!«

»So ein Quatsch!«, riefen die Kinder.

»Was?«, fragte Onkel Theo. »Quatsch nennt ihr das? Und euch soll ich noch mal was erzählen?«

Doch weil die Kinder sehr darum baten, sagte Onkel Theo: »Also gut. Vielleicht ein anderes Mal. Aber für heute ist Schluss.«

Onkel Theo erzählt von der Ratte

»So, liebe Kinder«, sagte Onkel Theo. »Heute werdet ihr mal wieder was lernen.« Die Kinder setzten sich auf Onkel Theos grünes Sofa und spitzten die Ohren. »Also«, sagte Onkel Theo. »Die Ratte.« Und er kratzte sich am Kopf.

»Ratten gibt es unzählige auf der ganzen Welt, und das liegt daran, dass sich die Ratte hervorragend an ihre Umgebung anpasst. Die Wasserratte zum Beispiel, die am Ufer großer Flüsse lebt, kann stundenlang tauchen, ohne Luft zu holen. Die Rüsselratte, die am liebsten unter Küchenschränken wohnt, saugt mit ihrem Rüssel selbst die kleinsten Krümel vom Boden.

Auf den schneebedeckten Bergen Bayerns lebt die Rodelratte. Sie kann ihre Vorderbeine so weit nach hinten und ihre Hinterbeine so weit nach vorne biegen, dass die Füße einander berühren und wie Kufen aussehen. Und so trägt die

Rodelratte ihren Namen mit Recht: Wie ein Schlitten rodelt sie auf ihren zwei Kufen ins Tal.

Ihr könnt euch vorstellen, dass so eine Rodelratte ziemlich schnell den Berg hinuntersaust. Aber selbst diese flotte Ratte kommt nur langsam voran im Vergleich zur afrikanischen Rennratte. Und von der will ich euch heute erzählen.

Die Rennratte lebt in der Wüste Sahara. Dort gibt es fast nur Sand, und es ist ziemlich schwer, sich vor feindlich gesinnten Löwen zu verstecken. Also ergreift die Rennratte, sobald sie einen Löwen bemerkt, lieber die Flucht. Daher ist sie gut trainiert.

Vermutlich deshalb ist die Rennratte das schnellste Tier der Welt. Sie rennt schneller als eine Gazelle, sie rennt schneller, als eine Schwalbe fliegt, ja sie rennt sogar schneller als ihr eigener Schall.

Wenn man eine Rennratte rennen sieht, hört man nicht das leiseste Geräusch. Sobald sie aber an einem vorbeigerannt und schon nicht mehr zu sehen ist, hört man plötzlich das schnelle Trippeln ihrer Füße. Die Rennratte rennt voran und die Geräusche kommen etwas später hinterher.

Das ist besonders lustig, wenn zwei Rennratten nebeneinander herrennen und sich dabei unterhalten. Man sieht die beiden Rennratten, aber erst nach einer Weile, wenn sie längst verschwunden sind, kommt die Unterhaltung hinterher.

Daran liegt es, dass man in der Wüste manchmal Stimmen hört, aber niemanden sieht, der spricht. Ziemlich wahrscheinlich handelt es sich um das Gespräch zweier Rennratten, die vor Kurzem in der Gegend waren.

Für einsame Rennratten ist diese Eigenschaft übrigens ein großer Vorteil. Könnt ihr euch vorstellen, wie sich eine einsame Rennratte die Zeit vertreibt?«

Die Kinder schüttelten den Kopf.

»Das geht so: Die einsame Rennratte sagt etwas, sie rennt los und nach ein paar Hundert Metern bleibt sie stehen. Sie hört, was sie gesagt hat, sie gibt sich eine Antwort und rennt wieder zurück. Und wieder hin. Und wieder zurück.

Manchmal kommt es sogar vor, dass eine Rennratte mit sich selbst streitet. Aber nicht sehr oft, denn wenn ihr die Zankerei zu viel wird, rennt sie einfach davon.«

»So ein Quatsch!«, riefen die Kinder.

»Was?«, fragte Onkel Theo. »Quatsch nennt ihr das? Und euch soll ich noch mal was erzählen?«

Doch weil die Kinder sehr darum baten, sagte Onkel Theo: »Also gut. Vielleicht ein anderes Mal. Aber für heute ist Schluss.«

Onkel Theo erzählt vom Wurm

»So, liebe Kinder«, sagte Onkel Theo. »Heute werdet ihr mal wieder was lernen.« Die Kinder setzten sich auf Onkel Theos grünes Sofa und spitzten die Ohren. »Also«, sagte Onkel Theo. »Der Wurm.« Und er kratzte sich am Kopf.

»Bestimmt habt ihr alle schon mal einen Wurm gesehen. Das ist ein ziemlich lang gezogenes Tier ohne Beine. Wenn es groß ist, nennt man es Schlange, ist es klein, nennt man es Wurm – warum, weiß kein Mensch.

Weil sie keine Beine haben, kriechen die meisten Würmer und Schlangen auf dem Boden. Aber es gibt auch Ausnahmen:

Die Seeschlange schwimmt im Wasser, die Autoschlange steht auf der Straße, die Glühwürmchen fliegen durch die Luft und der Drehwurm dreht sich die ganze Zeit im Kreis.

Die meisten Würmer jedoch sind Regenwürmer. Man kann sie am besten bei schlechtem Wetter beobachten, denn sie lieben den Regen, und wenn es nass ist, kommen sie besonders gern heraus an die frische Luft.

Nun gab es aber einmal einen Regenwurm, der konnte den Regen nicht ausstehen. Er mochte es gar nicht, im Matsch herumzukriechen und sich dreckig zu machen. Außerdem hasste er frische Luft und fand es entsetzlich, ständig draußen sein zu müssen.

Eines Tages lernte dieser kleine Regenwurm eine Raupe kennen, die ihm erklärte, wie man sich in einen Schmetterling verwandelt.

›Tolle Sache‹, fand der kleine Regenwurm. Ein Schmetterling wollte er zwar nicht werden – wegen der vielen frischen Luft. Aber die Sache mit der Verwandlung machte ihn neugierig. Er probierte es aus und – schwupp – wurde er ein Tausendfüßler. Doch das war nichts für ihn, denn er brauchte nun einige Wochen, um sich die Schuhe zu binden! Zum Glück gelang es ihm nach etwas Übung, sich in einen Holzwurm zu verwandeln.

Seitdem lebte der Holzwurm mitten im Holz der Seitenwand eines Bücherregals. Dort wurde er nicht nass und machte sich nicht dreckig.

Trotzdem war er nicht so richtig glücklich. Er fühlte sich einsam und fragte sich, ob er wohl der einzige Holzwurm auf der Welt war, oder ob es da noch einen gab. Und seitdem fraß er sich durch das Holz und suchte nach einem zweiten Holzwurm. Manchmal wählte er die falsche Richtung und schaute aus Versehen ins Freie, dann drehte er schnell wieder um und suchte in der anderen Richtung weiter. Er grub lange Tunnel durch die Regalbretter, aber einen zweiten Holzwurm fand er nirgends.

Stattdessen guckte er eines Tages wieder aus dem Holz heraus. Doch diesmal landete er nicht an der Regalseite mit der frischen Luft, sondern in einem Buch. Und wisst ihr, was da mit dem Holzwurm geschah?«

Die Kinder schüttelten Kopf.

»Der Holzwurm bohrte sich in das Buch hinein!«, rief Onkel Theo. »Das schmeckte ganz anders als Holz. Und das war spannend! Das Buch war sogar so spannend, dass sich der Holzwurm durch alle Seiten fraß. Als er fertig war, kroch er weiter in ein zweites Buch, dann in ein drittes ... Er konnte gar nicht mehr damit aufhören. Und so wurde aus dem Holzwurm schließlich ein Bücherwurm!«

»So ein **Quatsch!**«, riefen die Kinder.

»Was?«, fragte Onkel Theo. »Quatsch nennt ihr das? Und euch soll ich noch mal was erzählen?«

Doch weil die Kinder sehr darum baten, sagte Onkel Theo: »Also gut. Vielleicht ein anderes Mal. Aber für heute ist Schluss.«

Onkel Theo erzählt von den Löchern

»So, liebe Kinder«, sagte Onkel Theo. »Heute werdet ihr mal wieder was lernen.« Die Kinder setzten sich auf Onkel Theos grünes Sofa und spitzten die Ohren. »Also«, sagte Onkel Theo. »Die Löcher.« Und er kratzte sich am Kopf.

»Sicher habt ihr das auch schon mal erlebt: Wenn ihr beim Spielen nicht aufpasst, fallt ihr hin, reißt euch die Hose kaputt und schon sind Löcher in den Hosenbeinen. Meistens sind eure Eltern davon nicht so begeistert.

Aber keine Sorge, ihr könnt sie trösten. Erklärt ihnen, dass Löcher in der Hose ungeheuer wichtig sind für die Belüftung der Beine. In einer Hose ohne Löcher steht die Luft und besonders im Sommer wird es unangenehm warm und stickig darin. Ich frage mich, wieso überhaupt noch Hosen ohne Löcher verkauft werden. Gesund ist das bestimmt nicht.

In der Schweiz jedenfalls tragen die Kinder nur noch Hosen mit Löchern. Sie brauchen sich die Löcher nicht selbst hineinzureißen und hinfallen müssen sie auch nicht. Die Hosen werden schon im Geschäft mit fertigen Löchern verkauft.

Früher, als ich so alt war wie ihr, wurden diese Löcher in mühseliger Handarbeit hergestellt. Heute ist das natürlich anders. In den großen Schweizer Lochfabriken sausen tausend Löcher in der Sekunde über ein Fließband. Sie werden von Robotern nach Größe und Form sortiert: kleine runde, große runde, viereckige, ovale Löcher – sie alle landen in verschiedenen Kisten.

Aus der Schweiz stammen zwei Dinge, die in der ganzen Welt berühmt sind. Das eine sind die Schweizer Uhren. Sie gehen etwas langsamer als andere Uhren, und das ist gut,

denn wenn man sie benutzt, hat man ein bisschen mehr Zeit. Das andere sind die Schweizer Löcher. Falls ihr eine Hose mit fertigen Löchern kauft, achtet mal darauf: Die Löcher kommen ganz bestimmt aus einer Schweizer Lochfabrik.

Allerdings werden inzwischen so viele Löcher gebraucht, dass nicht einmal die großen Schweizer Fabriken genug davon herstellen können. Da ist es ein Glück, dass man gebrauchte

Löcher wiederverwenden kann! Jeder kann dabei helfen. Und wisst ihr, was ihr dafür machen müsst?«

Die Kinder schüttelten den Kopf.

»Mülltrennung!«, sagte Onkel Theo. »Wenn ihr mal eine Hose habt, die zu nichts mehr zu gebrauchen ist, dann schmeißt sie nicht einfach weg. Die Hose kann in den Restmüll, aber die Löcher, die nehmt ihr vorher heraus und werft sie in den Lochcontainer. Dort werden sie gesammelt und wiederverwertet.

Und wer weiß, wenn ihr später einmal einen Schweizer Käse mit vielen Löchern esst, vielleicht sind die Löcher darin ja aus den Löchern eurer Hose gemacht!«

»So ein Quatsch!«, riefen die Kinder.

»Was?«, fragte Onkel Theo. »Quatsch nennt ihr das? Und euch soll ich noch mal was erzählen?«

Doch weil die Kinder sehr darum baten, sagte Onkel Theo: »Also gut. Vielleicht ein anderes Mal. Aber für heute ist Schluss.«

Onkel Theo erzählt vom Faultier

»So, liebe Kinder«, sagte Onkel Theo. »Heute werdet ihr mal wieder was lernen.« Die Kinder setzten sich auf Onkel Theos grünes Sofa und spitzten die Ohren. »Also«, sagte Onkel Theo. »Das Faultier.« Und er kratzte sich am Kopf.

»Das Faultier heißt Faultier, weil es den lieben langen Tag faul an einem Ast hängt. Es ist das faulste Tier, das es gibt. Es hat ungepflegte lange Haare, weil es zu faul ist, sich zu kämmen oder zu waschen. Es bewegt sich so wenig wie möglich. Wenn es sich aber doch einmal am Ast entlanghangelt, dann geht das so: Es bewegt erst einen Finger, dann, Minuten später, den zweiten Finger, dann, noch später, langsam, ganz langsam streckt es den Arm ein winziges Stück vor, und noch ein Stück, langsam, ganz langsam – schon ist eine halbe Stunde vorbei, da macht es erst einmal eine Ruhepause.

So faul ist das Faultier, und es ist sehr langweilig, so faul zu sein. Vor lauter Langeweile würde das Faultier am liebsten den ganzen Tag gähnen. Aber zum Gähnen müsste es das Maul weit aufreißen und dazu wiederum ist es zu faul. Nur zum Fressen macht es das Maul ein wenig auf und wartet, bis ihm ein Blatt hineinwächst. Zum Glück wachsen die Blätter im Urwald recht schnell.

Die Faultierkinder jedoch sind nicht ganz so faul. Weil das

Faulsein so langweilig ist, haben sie überhaupt keine Lust, faul zu sein. Sie würden viel lieber in den Ästen herumspringen wie die Affenkinder.

An das Faulsein müssen sich die Faultierkinder erst gewöhnen.

Das beherrschen sie nicht einfach so von Geburt an. Aus diesem Grund gehen sie in die Faultierschule. Dort lernen sie, dass sich ein Faultier so wenig wie möglich bewegt, dass es niemals schreibt, niemals rechnet und sich niemals die Zähne putzt.

Die fleißigsten Faultiere sitzen in der ersten Reihe, damit der Faultierlehrer sie besser im Blick hat und ihnen ihre Flausen austreiben kann. Sie bekommen ein paar Rechenaufgaben, und wer die meisten gelöst hat, der muss zur Strafe nachsitzen. Ohne sich zu bewegen, bitte!

Bücher gibt es in der Faultierschule natürlich nicht. Aber manchmal verteilt der Faultierlehrer in der ersten Reihe ein paar Zeitschriften mit bunten Bildern. Und könnt ihr euch vorstellen, was passiert, wenn eines der fleißigsten Faultiere nach so einer Zeitschrift greift und hineinschauen möchte?«

Die Kinder schüttelten den Kopf.

»Dann macht der Faultierlehrer eine träge Bewegung – erst mit dem einen Finger, dann, Minuten später, mit dem zweiten Finger und noch später, langsam, ganz langsam streckt er den Arm ein winziges Stück vor und auf das fleißige Faultierkind zu, und noch ein Stück, langsam, ganz langsam – und dann, ungefähr eine halbe Stunde später, husch, bekommt das fleißige Faultierkind eins auf die Finger!

Zum Glück tut das nicht sehr weh, weil der Faultierlehrer viel zu faul ist, um wirklich fest zu hauen.«

»So ein Quatsch!«, riefen die Kinder.

»Was?«, fragte Onkel Theo. »Quatsch nennt ihr das? Und euch soll ich noch mal was erzählen?«

Doch weil die Kinder sehr darum baten, sagte Onkel Theo: »Also gut. Vielleicht ein anderes Mal. Aber für heute ist Schluss.«

Onkel Theo erzählt vom Toaster

»So, liebe Kinder«, sagte Onkel Theo. »Heute werdet ihr mal wieder was lernen.« Die Kinder setzten sich auf Onkel Theos grünes Sofa und spitzten die Ohren. »Also«, sagte Onkel Theo. »Der Toaster.« Und er kratzte sich am Kopf.

»Die meisten Leute glauben, so ein Toaster sei ein harmloses Gerät, mit dem man sich schwabbeliges Weißbrot aufbackt. Das ist nicht ganz falsch, aber harmlos ist so ein Toaster gewiss nicht.

Sobald das Brot fertig gebacken ist, wird es nämlich mit einem Federmechanismus nach oben geschleudert. Und hier liegt die Gefahr. Bei manchen Toastern geschieht das automatisch, und das Brot fliegt mit solcher Geschwindigkeit in die Luft, dass man es anschließend im ganzen Zimmer aufsammeln muss. Und wenn das Brot beim Toasten zu hart geworden ist, kann es sogar Beulen und Verletzte geben.

Besonders gefährlich ist es, Steinofenbrot zu toasten. Wenn das aus dem Toaster fliegt und wenn man das an den Kopf bekommt, dann weiß man, warum es Steinofenbrot heißt.

Wie gefährlich Toasten sein kann, musste eine unvorsichtige Familie aus Mittelengland erfahren, die auf einem Flohmarkt einen Toaster gekauft hatte.

Ausgeschaltet sah das Gerät aus wie ein gewöhnlicher

Toaster mit einem Drehknopf an der Seite, auf dem die Zahlen eins bis sechs standen. Aber es war ein Killertoaster und die Zahlen waren die Schwierigkeitsgrade!

Wehe, man stellt ihn auf Stufe sechs! Der Killertoaster beginnt beim Toasten durch das Zimmer zu wandern. Er schleudert das getoastete Brot in die Luft und fängt es wieder ein. Bald ist es doppelt getoastet und knüppelhart. Dann springt der Toaster wild durch den Raum und schießt in alle Richtungen, sogar seitwärts, einen Schuss nach dem anderen. Niemand weiß, wo die ganzen Brote auf einmal herkommen, und dank einer besonderen Zielvorrichtung trifft er alles, was sich bewegt.

Schrecklich, nicht wahr? Aber die unvorsichtige Familie aus Mittelengland hatte Glück im Unglück. Könnt ihr euch vorstellen, warum?«

Die Kinder schüttelten den Kopf.

»Das kam so«, sagte Onkel Theo. »Die unvorsichtige Familie war so unvorsichtig, dass sie beim ersten Test ihres Toasters mit Sesam bestreute Weißbrotscheiben in den Toaster steckte. Das ist eigentlich streng verboten, aber in diesem Fall war es gut so! Plötzlich knallten lauter Kugeln hoch in die Luft. Das waren die Sesamkörner, die sich durch die große Hitze in Sesampopcorn verwandelt hatten.

Die Sesampopkörner schossen bis an die Decke und trafen

die Glühbirne der Küchenlampe. Die ging kaputt, das Licht erlosch, die Sicherung flog raus, es gab einen Stromausfall in ganz Mittelengland. Und das war Glück im Unglück, denn dadurch hörte der Toaster auf zu toasten. Wer weiß, was sonst noch alles passiert wäre!«

»So ein Quatsch!«, riefen die Kinder.

»Was?«, fragte Onkel Theo. »Quatsch nennt ihr das? Und euch soll ich noch mal was erzählen?«

Doch weil die Kinder sehr darum baten, sagte Onkel Theo: »Also gut. Vielleicht ein anderes Mal. Aber für heute ist Schluss.«

Onkel Theo erzählt vom Kaninchen

»So, liebe Kinder«, sagte Onkel Theo. »Heute werdet ihr mal wieder was lernen.« Die Kinder setzten sich auf Onkel Theos grünes Sofa und spitzten die Ohren. »Also«, sagte Onkel Theo. »Das Kaninchen.« Und er kratzte sich am Kopf.

»Das Kaninchen ist ein eher kleines Tier mit auffällig großen Ohren. Das hat die Tierforscher schon immer verwirrt. Bis heute streiten sie sich darüber, ob das Kaninchen das kleinste der großen Tiere oder aber das größte der kleinen Tiere ist.

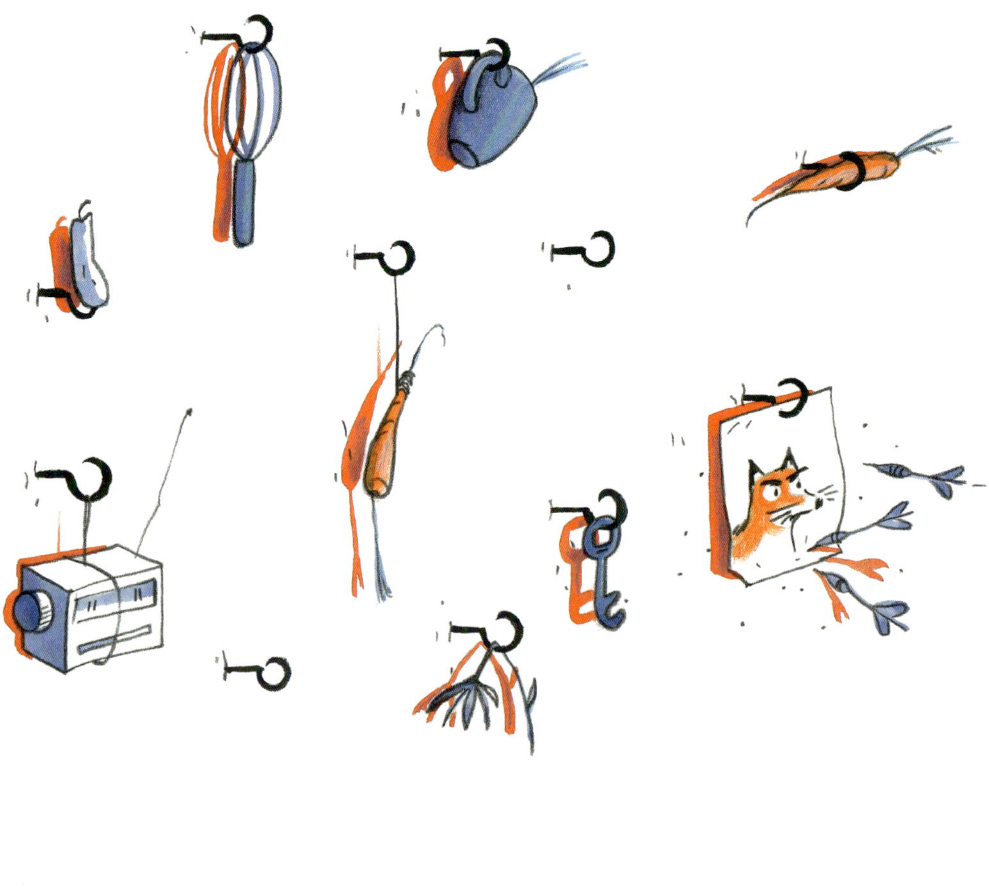

Auf jeden Fall gibt es unglaublich viele Kaninchen, da sich Kaninchen sehr schnell vermehren. Allein ich kenne mindestens sechs Familien, die letztes Jahr noch kein Kaninchen hatten, und jetzt haben sie eins.

Das ist auch gut so, denn das Kaninchen ist eines der nützlichsten Haustiere, die es gibt. Wer gern bastelt, wer etwas reparieren muss oder wer ein Bild aufhängen möchte, sollte ein Kaninchen besitzen. Das Kaninchen ist nämlich handwerklich äußerst geschickt. Besonders gut kann es Haken schlagen.

Ein tüchtiges Kaninchen schlägt in der Minute rund dreißig Haken. Das ist ungeheuer schnell. Die meisten Leute haben

gar nicht genug Sachen, um sie an all den Haken aufzuhängen.

In Nepal sind Hakenschlagwettbewerbe ein beliebter Volkssport. Schon Wochen bevor es losgeht, trainieren die Hakenschlagkaninchen in den Wohnungen ihrer Besitzer. Da ist in null Komma nichts kein freier Platz mehr an der Wand, und so fragen die Kaninchenbesitzer alle Freunde und Bekannte, ob nicht vielleicht bei ihnen etwas aufgehängt werden muss.

Am letzten großen Hakenschlagwettbewerb in Nepal nahmen rund tausend Kaninchen teil. Jedes Jahr werden es mehr. Leider gibt es nicht mehr viele freie Wände in Nepal. Aber dafür gibt es ein großes Gebirge, den Himalaja, und dort findet der Wettbewerb inzwischen statt: Die Kaninchen schlagen einfach Bergsteigerhaken in die Gebirgswände. Das Ganze macht einen solchen Krach, dass die Kaninchen ihre Ohren einfalten, damit sie davon nicht taub werden.

Der Wettkampf dauert nur fünf Minuten, dann pfeift der Schiedsrichter ab. Das Kaninchen, das die meisten Haken geschlagen hat, wird zum Sieger gekürt und bekommt jede Menge zarten Himalajasalat und sein Besitzer eine vergoldete Möhre.

So geht es zu in Nepal, jetzt wisst ihr es! Aber wisst ihr auch, was in Nepal ein Kaninchenbesitzer zum anderen sagt, wenn ihm eine Sache besonders gut gefällt?«

Die Kinder schüttelten den Kopf.

»Nun«, sagte Onkel Theo, »wenn einem Kaninchenbesitzer aus Nepal etwas besonders gut gefällt, dann sagt er: ›Die Sache hat bestimmt einen Haken!‹«

»So ein **Quatsch!**«, riefen die Kinder.

»Was?«, fragte Onkel Theo. »Quatsch nennt ihr das? Und euch soll ich noch mal was erzählen?«

Doch weil die Kinder sehr darum baten, sagte Onkel Theo: »Also gut. Vielleicht ein anderes Mal. Aber für heute ist Schluss.«

Onkel Theo erzählt von den Buchstaben

»So, liebe Kinder«, sagte Onkel Theo. »Heute werdet ihr mal wieder was lernen.« Die Kinder setzten sich auf Onkel Theos grünes Sofa und spitzten die Ohren. »Also«, sagte Onkel Theo. »Die Buchstaben.« Und er kratzte sich am Kopf.

»Bestimmt habt ihr alle schon einmal Buchstaben gesehen. Das sind bekanntlich kleine Nudeln, die es in ganz verschiedenen Formen gibt. Man kann sie hintereinanderlegen, zum Beispiel so: AHNESPTTCEUL. Wenn man Glück hat, kommt dabei ein Wort heraus, zum Beispiel dieses: ASCHENPUTTEL.

Die Suppe, in der diese Nudeln schwimmen, nennt man Buchstabensuppe.

Das ist eine ganz besondere Suppe, denn in jedem Teller Buchstabensuppe ist eine tolle Geschichte versteckt. Erst sieht es aus wie ein Riesendurcheinander, so wie AHNESPTTCEUL. Doch wenn man lange genug mit dem Löffel in der Suppe herumrührt, kommt irgendwann die Geschichte zum Vorschein.

Leider haben die meisten Leute dazu keine Geduld. Sie essen die Suppe einfach auf und so sind schon viele schöne Geschichten in den Bäuchen ungeduldiger Suppenesser gelandet.

Deshalb beschlossen die Geschichtenerzähler eines Tages, die Buchstaben abzumalen und die Geschichten aufzuschreiben. Seitdem stehen die Buchstaben auch auf Blättern und in Büchern. Da geraten sie nicht so schnell durcheinander wie in der Suppe und rühren muss auch niemand mehr.

Aber ihr wisst ja jetzt Bescheid und bestimmt seid ihr geduldig. Wenn es also das nächste Mal eine Buchstabensuppe

zu Mittag gibt, dann esst sie nicht einfach auf, sondern rührt so lange, bis ihr die Geschichte darin findet!

Um die Geschichte zu finden, muss man natürlich wissen, was die Buchstaben bedeuten. Das ist gar nicht so einfach, denn es gibt 26 verschiedene Buchstaben. Wer sich die alle merken kann, ist ganz schön schlau.

Aber wisst ihr auch, warum es 26 Buchstaben sind?«

Die Kinder schüttelten den Kopf.

»Früher waren es weniger«, sagte Onkel Theo. »Als ich so alt war wie ihr, hatte das Alphabet nur 23 Buchstaben. Die vollkommen überflüssigen Buchstaben X, Y und Z gab es damals noch nicht.

Die hat erst vor wenigen Jahren eine junge Lehrerin aus Nürnberg erfunden. Ihre Schulklasse war nämlich so fleißig und so schnell mit dem Lernen fertig, dass die Kinder schon vier Wochen vor Ende des Schuljahrs alle 23 Buchstaben konnten. Die arme Lehrerin wusste nicht, wie sie die Zeit rumkriegen sollte bis zu den Sommerferien, und da erfand sie einfach das X, das Y und das Z dazu.

Die kleine Schummelei fiel zum Glück nicht weiter auf. Aber seitdem hängen hinten am Alphabet diese drei Buchstaben, die auch heute noch ziemlich selten vorkommen und die eigentlich niemand braucht.«

»So ein Quatsch!«, riefen die Kinder.

»Was?«, fragte Onkel Theo. »Quatsch nennt ihr das? Und euch soll ich noch mal was erzählen?«

Doch weil die Kinder sehr darum baten, sagte Onkel Theo: »Also gut. Vielleicht ein anderes Mal. Aber für heute ist Schluss.«

Onkel Theo erzählt vom Schnee

»So, liebe Kinder«, sagte Onkel Theo. »Heute werdet ihr mal wieder was lernen.« Die Kinder setzten sich auf Onkel Theos grünes Sofa und spitzten die Ohren. »Also«, sagte Onkel Theo. »Der Schnee.« Und er kratzte sich am Kopf.

»Vermutlich habt ihr alle schon einmal Schnee gesehen. Das ist ein merkwürdiger kalter Stoff, der am Himmel wie Flocken aussieht und der sich auf dem Boden in einen weißen Teppich verwandelt. Das ist eine feine Sache. Der Winter wird bekanntlich durch Schnee erst so richtig schön. Man kann Ski fahren, rodeln, einen Schneemann bauen oder eine Schneeballschlacht machen.

Aber habt ihr euch schon einmal Gedanken gemacht, wo der ganze Schnee herkommt?

Manche Leute glauben, es gebe eine Frau Holle, die irgendwo im Himmel ihr Kopfkissen ausschüttelt, und die Federn, die dabei herunterfallen, verwandeln sich in Schnee. Das mag ja sein, aber es ist ein sehr altmodisches Verfahren. Das bisschen Schnee, das vom Himmel fällt, reicht heutzutage nicht mehr aus. Zum Skifahren zum Beispiel braucht man eine feste Schneedecke. Und um die herzustellen, verwendet man einen ganz besonderen Schnee, den sogenannten Rollschnee. Das ist so etwas Ähnliches wie der Rollrasen, der auf Fußballplätzen ausgerollt wird. Eine riesige Schneeteppichrolle wird einfach oben auf den Skihang gelegt, man lässt sie ausrollen bis ins Tal hinunter und schon kann das Skifahren beginnen. Auf so einem wunderbaren Teppich könnte man eigentlich das ganze Jahr über Wintersport machen, aber leider ist irgendwann im Frühling Schluss damit.

Das liegt an den Schneemotten. Sobald die aus ihrem Winterschlaf erwacht sind, haben sie großen Hunger und fressen ganz viele Löcher in den Schnee-

teppich. Und schon nach kurzer Zeit ist nichts mehr von ihm übrig.

Wusstet ihr eigentlich, dass Schnee auch für Menschen eine wahre Delikatesse ist? Besonders köstlich ist der feinstaubige Himalajaschnee. Zur Ernte steigen die Schneebauern auf die obersten Gipfel des Gebirges, wo sie den Schnee von den Felsen kratzen. Auf Lamas wird er in die indische Tiefebene transportiert und mit Motorrädern zum Flughafen gefahren. Von dort geht es mit dem Flugzeug in die ganze Welt. Zum Schluss bringt ihn ein Expressbote in die Feinkostgeschäfte. Das alles muss natürlich sehr schnell gehen, denn frisch schmeckt der Schnee am besten.

Es ist daher kein Wunder, dass frischer Himalajaschnee ganz schön teuer ist. Aber die echten Feinschmecker schreckt das nicht ab. Sie essen diesen Schnee so gern, dass sie fast jeden Preis dafür bezahlen. Und am allerliebsten kochen sie sich ein kräftiges Süppchen daraus.

Und damit ihr wisst, wie lecker das schmeckt, habe ich euch gestern ein paar schöne Schneeknödel gemacht. Zwar nur aus Alpenschnee und nicht aus dem teuren Himalajaschnee, aber immerhin! Habt ihr schon mal gekochte Schneeknödel gegessen?«

Die Kinder schüttelten den Kopf.

»Dann passt mal auf!« Onkel Theo verschwand kurz in der

Vorratskammer und kam mit einer kleinen Schüssel wieder. Aber leider war darin nichts außer einer riesigen Wasserpfütze, von Schneeknödeln fehlte jede Spur. »Das ist Pech«, sagte Onkel Theo. »Da haben die Schneemotten wohl mal wieder alles weggenascht.«

»So ein Quatsch!«, riefen die Kinder.

»Was?«, fragte Onkel Theo. »Quatsch nennt ihr das? Und euch soll ich noch mal was erzählen?«

Doch weil die Kinder sehr darum baten, sagte Onkel Theo: »Also gut. Vielleicht ein anderes Mal. Aber für heute ist Schluss.«

Onkel Theo erzählt von der Drehtür

»So, liebe Kinder«, sagte Onkel Theo. »Heute werdet ihr mal wieder was lernen.« Die Kinder setzten sich auf Onkel Theos grünes Sofa und spitzten die Ohren. »Also«, sagte Onkel Theo. »Die Drehtür.« Und er kratzte sich am Kopf.

»Wenn man wissen möchte, was eine Drehtür ist, muss man zunächst einmal verstehen, was eine Tür ist. Das ist nicht ganz einfach, aber ich will versuchen, es euch zu erklären: Eine Tür ist ein Zwischenstück, mit dem man eine Lücke zwischen mehreren miteinander verbundenen Teilen einer Wand öffnen und wieder verschließen kann. Also mit anderen Worten: Links ist Wand, rechts ist Wand, oben ist Wand, und das Stück von der Wand, das keine Wand ist, das ist die Tür.

So eine Tür ist sehr wichtig für alle Leute, die durch eine Wand hindurchgehen wollen. Wer zum Beispiel mit dem Kopf durch die Wand will, der sollte erst einmal schauen, wo die Tür ist. Und falls er die Tür nicht sehen kann, sollte er die Ohren spitzen, denn viele Türen kann man hören. Das liegt daran, dass sie quietschen.

Es gab einmal eine Tür, die sogar so laut gequietscht hat, dass immer einige Hundert Mäuse in ihrer Nähe saßen. Denn was für uns Menschen unangenehm klingt, war für diese Mäuse

ein himmlisch schöner Quietschgesang. Sie hielten dieses wunderbar melodische Gequietsche für ein Quietschkonzert, das extra für sie veranstaltet wurde. Und erst wenn die Tür nach langem Quietschen am Abend ins Schloss gefallen war, klatschten sie Beifall und trippelten nach Hause.

Aber nun endlich erkläre ich euch, was eine Drehtür ist. Das ist eine Tür, die eigentlich aus mehreren Teilen besteht, die sich im Kreis drehen. Diese Teile nennt man Flügel. Und das Ganze ist eine Art Karussell.

Wenn man durch eine Drehtür gehen möchte, geht man in das Karussell hinein, schiebt einen der Flügel vor sich her und gibt acht, dass man genau im richtigen Moment auf der anderen Seite wieder hinausgelangt.

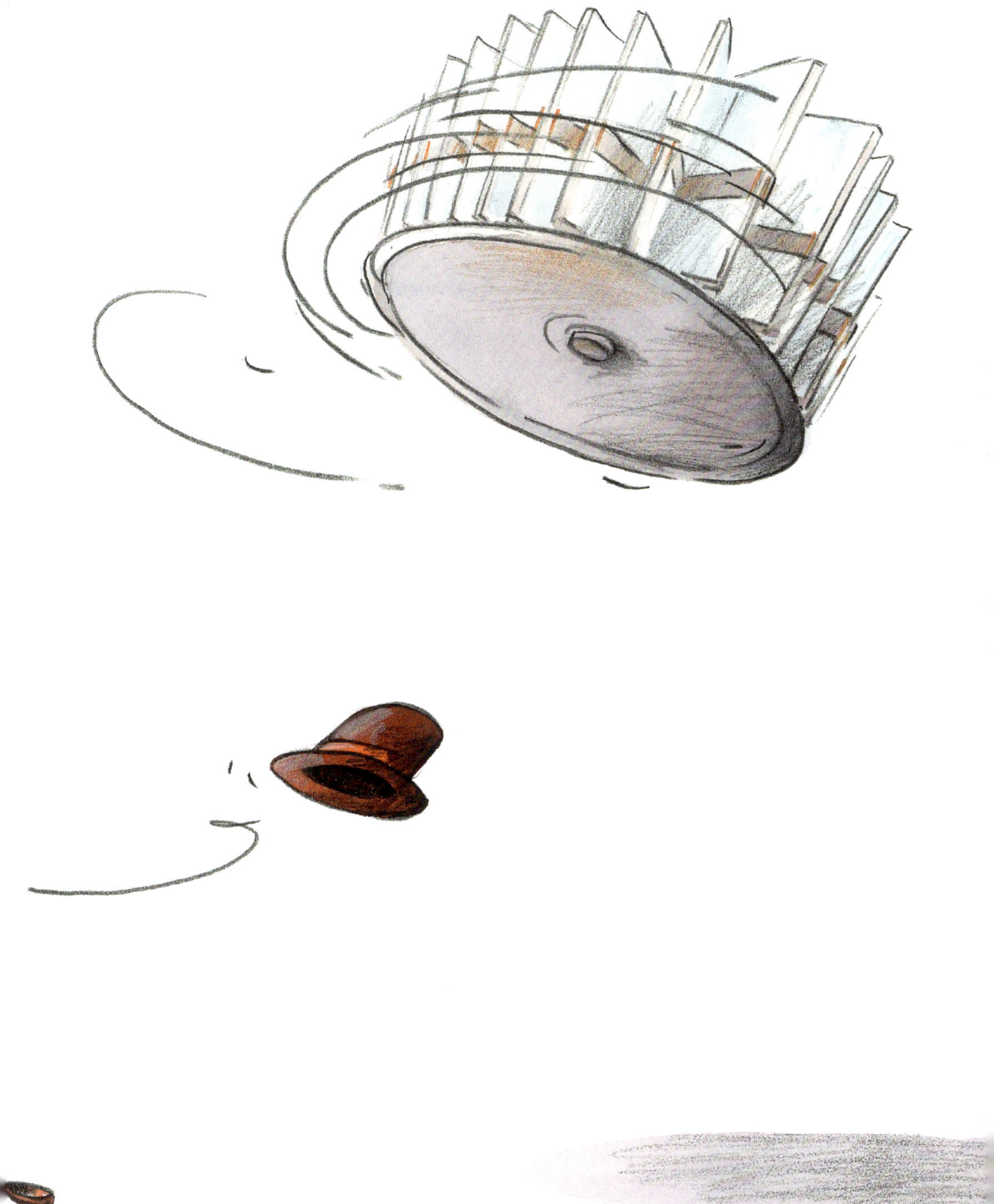

Manche dieser Karussells drehen sich automatisch. Bei denen muss man besonders aufpassen, denn schnell landet man wieder auf der Seite, von der man gekommen ist. Im Sommer kann es sogar richtig gefährlich werden! Wenn es sehr heiß ist, kann es sein, dass sich eine Drehtür überhitzt. Dann dreht sie sich immer schneller und schneller im Kreis.

Ein etwas leichtsinniger Angestellter aus Frankfurt am Main nahm diese Gefahr einmal nicht ernst und wollte im Hochsommer durch eine überhitzte Drehtür gehen. Und wisst ihr, was geschah? Der Mann kam nicht mehr aus dem Karussell heraus! Er drehte sich mit den Flügeln der Drehtür im Kreis, ihm wurde schwindelig bei dem Tempo und die Drehtür drehte sich schneller und immer schneller – über zwei Stunden wurde der arme Mann im Kreis herumgeschleudert!

Könnt ihr euch vorstellen, wie er gerettet wurde?«

Die Kinder schüttelten den Kopf.

»Also«, sagte Onkel Theo, »das ging so: Die Flügel der Drehtür drehten sich so schnell, dass sie plötzlich dieselben Eigenschaften hatten wie die Flügel eines Hubschraubers: Die ganze Drehtür hob sich hoch in die Luft! Nur der arme Mann nicht, der blieb unten auf dem Boden sitzen und sah erstaunt der Drehtür hinterher, die davonflog und bald nicht mehr zu sehen war.«

»So ein **Quatsch!**«, riefen die Kinder.

»Was?«, fragte Onkel Theo. »Quatsch nennt ihr das? Und euch soll ich noch mal was erzählen?«

Doch weil die Kinder sehr darum baten, sagte Onkel Theo: »Also gut. Vielleicht ein anderes Mal. Aber für heute ist Schluss.«

Onkel Theo erzählt von Messer und Gabel

»So, liebe Kinder«, sagte Onkel Theo. »Heute werdet ihr mal wieder was lernen.« Die Kinder setzten sich auf Onkel Theos grünes Sofa und spitzten die Ohren. »Also«, sagte Onkel Theo. »Messer und Gabel.« Und er kratzte sich am Kopf.

»Habt ihr schon gelernt, mit Messer und Gabel zu essen? Das ist gar nicht so einfach – toll, dass ihr es könnt!

Aber wisst ihr auch, wie man es richtig vornehm macht? In den allerfeinsten Restaurants geht das so: Da darf man Messer und Gabel nur mit dem Daumen und dem Zeigefinger anfassen. Die anderen Finger müssen dabei abgespreizt werden, sodass die Ringfinger auf den Teller und die beiden kleinen Finger auf den Kellner zeigen. Es ist nicht leicht, so zu essen, und es erfordert lange Übung.

Besonders schwierig ist es, wenn man Erbsen isst. Es gilt nämlich als sehr, sehr unfein, ganze Erbsen in den Mund zu stecken. In den allerfeinsten Restaurants isst man Erbsen so: Man hält eine Erbse mit der Gabel fest, schneidet sie mit dem Messer in zwei Hälften und dann erst spießt man eine der Halbkugeln auf die beiden mittleren Gabelzinken und schiebt sie langsam auf die leicht herausgestreckte Zunge. Das ist so schwierig, dass in den allerfeinsten Restaurants manche Gäste schon fast verhungert sind, weil sie es nicht geschafft haben, die Erbsen zu schneiden.

Zum Glück gibt es andere Gemüsesorten, die leichter zu essen sind. Spargel und lange Möhren zum Beispiel darf man in die Hand nehmen. Beim Spargel ist es üblich, dass man das feine Gemüse zuerst dem Nachbarn anbietet. Man hebt dafür eine Spargelstange vom Teller und lässt sie, mit dem Kopf nach unten, ein wenig vor der Nase des linken Tisch-

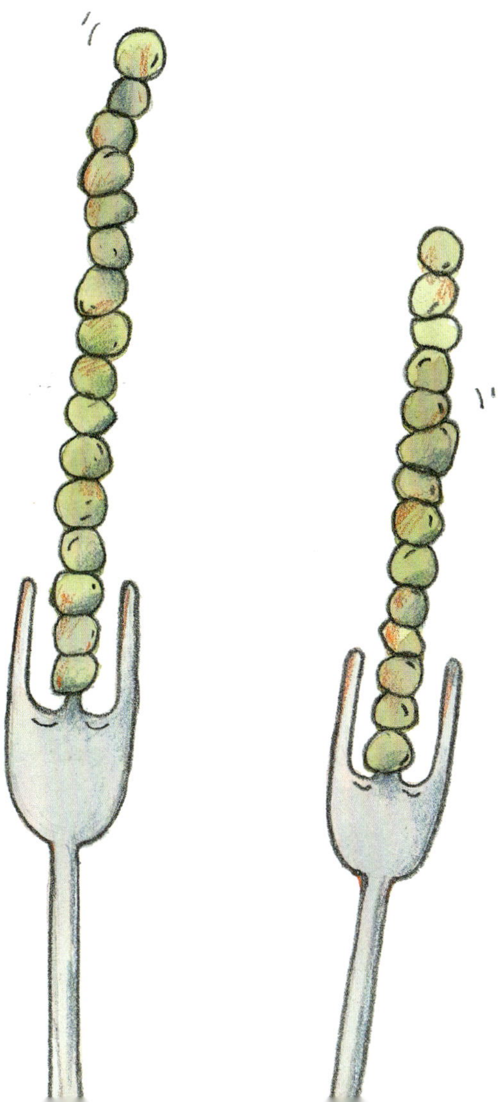

nachbarn baumeln. Währenddessen hat man den Spargel des rechten Tischnachbarn vor der eigenen Nase. Im Chor wünschen sich alle Esser guten Appetit und möglichst gleichzeitig beißen sie zu.

Nach dem Essen wird das Besteck gespült, das ist klar. Dann wird es in riesigen Schubladen und Schränken verstaut. Und natürlich darf nicht irgendein Angestellter die sauber gespülten Messer in die Messerschublade legen. Nein, das macht ein ausgebildeter Messerwerfer! Gekonnt und schwungvoll wirft er ein Messer nach dem anderen in die Schubladen.

Und was geschieht mit den Gabeln? Die werden im Gabelschrank gleichmäßig aufeinandergelegt, eine Gabel auf die andere, bis sie einen hohen Turm bilden. Auch das ist eine schwierige Aufgabe, denn wenn man es nicht richtig macht, bricht alles zusammen. Und wenn der Kellner dann die Schranktür öffnet, rattern ihm die wertvollen Gabeln krachend entgegen.

In den allerfeinsten Restaurants gibt es daher einen Spezialisten, der das Stapeln gelernt hat und nichts anderes macht, als Gabeln aufeinanderzutürmen. Und sicher wisst ihr auch, wie man den Angestellten nennt, der diese verantwortungsvolle Tätigkeit ausübt?«

Die Kinder schüttelten den Kopf.

»Das ist doch aber ganz klar«, sagte Onkel Theo. »Bestimmt habt ihr alle schon einmal vom Gabelstapler gehört! Und jetzt endlich wisst ihr, warum der so heißt und was der so macht: Der stapelt die Gabeln in den allerfeinsten Restaurants.«

»So ein Quatsch!«, riefen die Kinder.

»Was?«, fragte Onkel Theo. »Quatsch nennt ihr das? Und euch soll ich noch mal was erzählen?«

Doch weil die Kinder sehr darum baten, sagte Onkel Theo: »Also gut. Vielleicht ein anderes Mal. Aber für heute ist Schluss.«

Onkel Theo erzählt vom Hörnchen

»So, liebe Kinder«, sagte Onkel Theo. »Heute werdet ihr mal wieder was lernen.« Die Kinder setzten sich auf Onkel Theos grünes Sofa und spitzten die Ohren. »Also«, sagte Onkel Theo. »Das Hörnchen.« Und er kratzte sich am Kopf.

»Bestimmt habt ihr alle schon einmal ein **Eichhörnchen** gesehen. Das Eichhörnchen sieht man häufig in Parks und Gärten. Es hat einen buschigen Schwanz und läuft an Eichenstämmen entlang. Den ganzen lieben langen Tag tut es eigentlich nichts anderes, als die Eichen hoch- und wieder runterzulaufen. Das ist nicht weiter verwunderlich, wenn man bedenkt, dass es zur merkwürdigen Familie der Hörnchen gehört.

Es gibt nämlich nicht nur Eichhörnchen, sondern ganz viele verschiedene Hörnchen. Jedes Hörnchen hat eine besondere Angewohnheit, nach der es benannt ist.

Da gibt es zum Beispiel das Erdhörnchen, das buddelt von morgens bis abends Löcher in die Erde. Das Berghörnchen klettert den ganzen Tag auf Bergen herum. Das Sonnenhörnchen legt sich in die pralle Sonne, bis es einen Sonnenbrand bekommt. Das Gleithörnchen hält sich in schneebedeckten Bergen auf. Mit den Hinterbacken lässt es sich auf eine Bergkuppe fallen und gleitet so gemütlich ins Tal. Das Eishörnchen schlägt sich den Bauch mit Schokoladeneis voll, bis es sich kaum mehr bewegen kann.

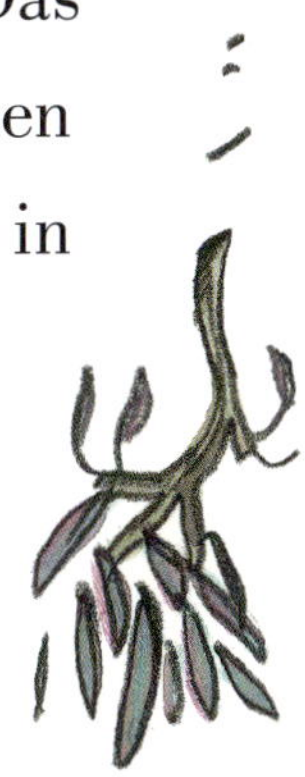

In Bayern lebte früher das Nashörnchen, das den bayerischen Winter nicht vertrug und darum ständig erkältet war.

Von morgens bis abends putzte es sich die Nase, die schließlich vom Putzen ganz rot und dick geworden war. Darum ist das Nashörnchen umgezogen nach Afrika, wo die Winter wärmer sind. Erkältet ist es nun nicht mehr, aber aus alter Gewohnheit putzt es sich auch heute noch ziemlich oft die Nase.

In Amerika lebt das Streifenhörnchen, das bei den amerikanischen Autofahrern sehr unbeliebt ist. Den ganzen Tag spaziert es über einen Zebrastreifen, von morgens bis abends, hin und zurück und wieder hin und zurück. Und weil die Autofahrer warten müssen, wenn jemand über den Zebrastreifen geht, kommen sie nicht voran und es entsteht ein riesiger Stau. Erst in der Nacht, wenn das Streifenhörnchen müde ist von der vielen Lauferei, können die Autofahrer weiterfahren.

Da lobe ich mir doch das Rothörnchen. Früher lebte es im Wald, später zog es in die Stadt. Und weil es alles mag, was rot ist, verliebte es sich in ein rotes Ampelmännchen. Das Rothörnchen stand am Straßenrand, blieb entzückt vor der Ampel stehen und sah sehnsuchtsvoll auf das herrlich rote Männchen.

Doch dann plötzlich bekam das Rothörnchen Liebeskummer. Könnt ihr euch vorstellen, warum?«

Die Kinder schüttelten den Kopf.

»Das kam so«, sagte Onkel Theo. »Auf einmal geschah etwas ganz Unerwartetes – das rote Ampelmännchen verschwand und ein grünes tauchte auf. Das Rothörnchen konnte es nicht fassen und weinte bitterlich. Es sehnte sich so sehr nach seinem roten Männchen.

Doch dann machte es einen Luftsprung vor Freude, denn plötzlich war das rote Männchen wieder da! Und so steht das Rothörnchen nun den ganzen Tag am Straßenrand, und zwar immer abwechselnd zwei Minuten himmelhochjauchzend und zwei Minuten zu Tode betrübt.«

»So ein Quatsch!«, riefen die Kinder.

»Was?«, fragte Onkel Theo. »Quatsch nennt ihr das? Und euch soll ich noch mal was erzählen?«

Doch weil die Kinder sehr darum baten, sagte Onkel Theo: »Also gut. Vielleicht ein anderes Mal. Aber für heute ist Schluss.«

Onkel Theo erzählt vom Raben

»So, liebe Kinder«, sagte Onkel Theo. »Heute werdet ihr mal wieder was lernen.« Die Kinder setzten sich auf Onkel Theos grünes Sofa und spitzten die Ohren. »Also«, sagte Onkel Theo. »Der Rabe.« Und er kratzte sich am Kopf.

»Der Rabe ist ein Vogel, der so schwarz ist, dass sogar eine Farbe nach ihm benannt wurde. Wenn etwas ganz tief dunkelschwarz ist, so schwarz, dass es schwärzer nicht geht, dann sagt man: Es ist rabenschwarz.

So schwarz ist der Rabe.

Aber der Rabe ist nicht nur für seine Farbe bekannt, sondern auch dafür, dass er gern stiehlt. Deshalb sagt man manchmal über einen Dieb: Der stiehlt wie ein Rabe.

Wenn der Rabe etwas sieht, das ihm gefällt, packt er es mit seinen Greiffüßen, hebt es in die Luft und trägt es in sein

Nest. Die Greiffüße heißen übrigens Klauen – was für ein passender Name, findet ihr nicht?

Der Rabe wohnt in einem großen Nest, und dieses Rabennest sieht aus wie eine Abstellkammer, die ein paar Monate lang nicht aufgeräumt wurde. Denn da liegt alles herum, was der Rabe in der letzten Zeit so gestohlen hat. Zum Beispiel ein Silberlöffel, eine Perlenkette, eine Wollmütze, ein Portemonnaie mit zwanzig Euro darin, ein Bauklotz.

Nun gab es einmal einen Raben, der war der schlimmste Dieb aller Zeiten. Sein Name war Elster und er wurde von allen ›die diebische Elster‹ genannt.

Die Elster stahl noch viel mehr als die anderen Raben. In ihrem Nest lagen sogar so große Dinge wie Gartenzwerge, Schultaschen oder Autoreifen.

Die Elster war zugleich der geschickteste Dieb, den es jemals gab. Sie stahl so geschwind und heimlich, dass die Bestohlenen meistens gar nichts davon mitbekamen.

Einem lesenden Mann stahl sie die Lesebrille von der Nase, ohne dass der Mann dies bemerkte. Er wunderte sich nur, dass die Buchstaben plötzlich so verschwommen aussahen.

Einem Mathelehrer schnappte sie die Kreide aus der Hand, während er an der Tafel schrieb. Der Lehrer war sehr erstaunt darüber, dass plötzlich keine Zahlen mehr an der Tafel erschienen.

Einmal zog die diebische Elster einem sitzenden Kind den Stuhl unter dem Hintern weg. Das Kind saß am Tisch und aß Grießpudding. Von dem Stuhldiebstahl merkte es ziemlich lange nichts. Noch zehn Minuten lang saß das Kind ohne Stuhl am Tisch und löffelte seinen Grießpudding in sich hinein. Dann erst fiel ihm auf, dass etwas fehlte, und es platschte mit dem Hintern auf den Fußboden!

So ein geschickter Dieb ist die diebische Elster!

Man kann sie übrigens gut erkennen. Sie sieht anders aus als die anderen Raben. Am Bauch und an den Flügelspitzen hat sie weiße Flecken. Wisst ihr, woher die stammen?«

Die Kinder schüttelten den Kopf.

»Das kam so«, sagte Onkel Theo. »Einmal hatte es die diebische Elster übertrieben. Sie wollte eine ganze Parkbank stehlen. Das war selbst für sie zu viel. Die Bank stand fest auf dem Boden, und die Elster konnte zerren und ziehen, wie sie wollte, die Bank rührte sich einfach nicht vom Fleck. Schließlich gab sie auf und flog davon.

Nur leider war die Bank gerade frisch gestrichen und die weiße Farbe blieb für immer an der Elster haften.«

»So ein **Quatsch!**«, riefen die Kinder.

»Was?«, fragte Onkel Theo. »Quatsch nennt ihr das? Und euch soll ich noch mal was erzählen?«

Doch weil die Kinder sehr darum baten, sagte Onkel Theo: »Also gut. Vielleicht ein anderes Mal. Aber für heute ist Schluss.«

Onkel Theo erzählt vom Licht

»So, liebe Kinder«, sagte Onkel Theo. »Heute werdet ihr mal wieder was lernen.« Die Kinder setzten sich auf Onkel Theos grünes Sofa und spitzten die Ohren. »Also«, sagte Onkel Theo. »Das Licht.« Und er kratzte sich am Kopf.

»Bestimmt glaubt ihr, dass ihr schon einmal Licht gesehen habt. Aber das stimmt nicht, denn Licht ist das, was man nicht sieht, wenn man Licht sieht. Ihr habt eine Lampe gesehen, die Sonne, den Mond. Vielleicht habt ihr sogar schon mal einen Lichtstrahl gesehen – aber was ihr da gesehen habt, war es wirklich das Licht oder waren es nur ein paar Staubkörner, die im Licht getanzt haben?

Es gab einmal einen Mann, der wollte es ganz genau wissen. Ihm reichte es nicht, all die hell erleuchteten Dinge zu sehen. Er wollte das Licht selbst sehen.

Darum versuchte er, die verschiedenen Lichter einzufangen. Er leuchtete mit einer Taschenlampe in einen gut abgedichteten Stoffsack. Schnell band er den Sack zu und schaltete die Taschenlampe aus. Etwas später machte er den Sack wieder auf und schaute hinein. Doch wo war das Licht? Es war verschwunden! Im Sack war es finster wie nur was.

Das Licht der Taschenlampe ist sicher zu schwach, dachte der Mann und probierte es mit einer großen Schreibtischlampe.

Er leuchtete mit der Lampe in den Sack, band ihn zu, schaltete die Schreibtischlampe aus, öffnete etwas später den Sack, schaute hinein – und wieder war es stockfinster darin!

Das hellste Licht, das es gibt, ist das Licht der Sonne, dachte der Mann. Also ging er hinaus in den Garten und stellte den offenen Sack auf die Wiese, sodass möglichst viel Sonnenlicht hineinstrahlen konnte. Er wartete, bis der Sack ganz voll war. Dann band er ihn schnell zu, damit das Licht auch ja nicht hinaushuschte, trug den Sack ins Haus, öffnete ihn und schaute hinein. Und was sah er? Wieder nichts! Im Sack war es finster wie nur was.

Zuletzt probierte der Mann es mit einer Kerze. Diesmal schien es zu klappen – denn als er den Sack dicht über die brennende Kerze hielt, erstickte die Flamme sofort und ging aus.

›Jetzt ist das Licht im Sack!‹, rief der Mann aufgeregt.

Aber als er den Sack öffnete und hineinschaute, war es schon wieder finster darin. ›Seltsam‹, murmelte der Mann. ›Wohin ist das Licht nur verschwunden? Die Kerze ist aus, aber im Sack ist auch nichts drin.‹

Weil es schon fast geklappt hatte, gab der Mann immer noch nicht auf. Diesmal hielt er den Sack etwas höher über die Kerze, damit er alles ganz genau sehen konnte. Und da plötzlich raschelte und knisterte es, eine helle Flamme loderte empor und der Sack brannte lichterloh. Erschrocken ließ der Mann ihn fallen und trat das Feuer mit den Füßen aus. Und das war's dann. Der Lichtsammler gab alle weiteren Versuche auf.

›Egal‹, sagte er. ›Denn eigentlich braucht man das Licht sowieso nicht!‹

Und wisst ihr was? Der Mann hatte recht! Habt ihr eine Idee, warum man das Licht eigentlich nicht braucht?«

Die Kinder schüttelten den Kopf.

»Nun«, sagte Onkel Theo, »das ist so: Dort wo es dunkel ist, gibt es kein Licht, denn sonst wäre es nicht dunkel. Und

dort wo es hell ist, braucht man kein Licht, denn es ist sowieso schon hell.«

»So ein Quatsch!«, riefen die Kinder.

»Was?«, fragte Onkel Theo. »Quatsch nennt ihr das? Und euch soll ich noch mal was erzählen?«

Doch weil die Kinder sehr darum baten, sagte Onkel Theo: »Also gut. Vielleicht ein anderes Mal. Aber für heute ist Schluss.«

Onkel Theo erzählt vom Schaf

»So, liebe Kinder«, sagte Onkel Theo. »Heute werdet ihr mal wieder was lernen.« Die Kinder setzten sich auf Onkel Theos grünes Sofa und spitzten die Ohren. »Also«, sagte Onkel Theo. »Das Schaf.« Und er kratzte sich am Kopf.

»Wahrscheinlich wisst ihr alle, was Schafe sind. Sie stehen in größeren Gruppen auf Wiesen herum und knabbern an den Grashalmen. Von Weitem sehen sie aus wie schmutzige Watteböllchen. Das liegt daran, dass Schafe zum großen Teil aus Haaren bestehen. Diese Haare nennt man Wolle, und sie wachsen so schnell und so dicht, dass manchmal unter der ganzen Wolle die Schafe selbst kaum zu erkennen sind. Oben ist Wolle, unten ist Wolle, rechts ist Wolle und links ist Wolle. Man könnte fast glauben, da stehen ein paar Wollpullover

auf der Wiese herum, aber in Wahrheit sind es Schafe. Zur Sicherheit kommt einmal im Jahr ein Friseur auf die Wiese und schneidet alle Haare ab, um nachzuschauen, ob die Schafe darunter noch da sind.

Aber nicht nur für seine Wolle ist das Schaf berühmt. Wenn jemand sehr geduldig ist, sagt man, er ist so geduldig wie ein Schaf. Und ihr könnt euch denken, woher das kommt: Das Schaf ist ein überaus geduldiges Tier.

Wenn man Schafe auf einen Fußballplatz stellt, knabbern sie in aller Seelenruhe von allen Grashalmen die Spitzen ab. Einen Grashalm nach dem anderen nehmen sie sich vor, bis der ganze Rasen schön gleichmäßig kurz geschnitten ist.

Die Schafe sind so geduldig, dass es manchmal richtig gefährlich für sie werden kann.

Einmal wurde eine kleine Herde Schafe aus Versehen auf

einem Ascheplatz abgestellt. So ein Ascheplatz hat keinen Rasen, sondern ist stattdessen mit rotem Sand bestreut.

Und was machten die geduldigen Schafe? Sie betrachteten den roten Sand. Sie schnupperten ein bisschen daran, sie leckten mit der Zunge darüber, sie probierten ihn und stellten fest: Das ist kein Gras und vom Sand werden wir nicht satt.

Doch dann gingen sie nicht etwa fort und suchten anderswo nach einer Wiese. Nein, sie blieben auf dem Ascheplatz stehen und warteten. Den ganzen Tag warteten sie geduldig. Es wurde Mittag, es wurde Abend, es wurde Nacht. Und am nächsten Morgen standen sie noch immer da und warteten geduldig darauf, dass das Gras wächst. Fast wären sie verhungert, denn auf einem Ascheplatz wächst niemals Gras und von rotem Sand werden selbst die genügsamsten Schafe nicht satt.

Verhungert sind sie trotzdem nicht, denn zum Glück bemerkte der Platzwart irgendwann den Irrtum und schickte die Schafe auf den richtigen Platz.

Übrigens, während der Warterei gingen die Schafe ab und zu in die Knie und hielten die Ohren an den Boden. Könnt ihr euch denken, warum?«

Die Kinder schüttelten den Kopf.

»Nun, die geduldigen Schafe wollten hören, ob das Gras schon wächst. Und seitdem sagt man, wenn jemand etwas bemerkt, was außer ihm noch niemand weiß: Er hört das Gras wachsen!«

»So ein Quatsch!«, riefen die Kinder.

»Was?«, fragte Onkel Theo. »Quatsch nennt ihr das? Und euch soll ich noch mal was erzählen?«

Doch weil die Kinder sehr darum baten, sagte Onkel Theo: »Also gut. Vielleicht ein anderes Mal. Aber für heute ist Schluss.«

Onkel Theo erzählt von der Schokolade

»So, liebe Kinder«, sagte Onkel Theo. »Heute werdet ihr mal wieder was lernen.« Die Kinder setzten sich auf Onkel Theos grünes Sofa und spitzten die Ohren. »Also«, sagte Onkel Theo. »Die Schokolade.« Und er kratzte sich am Kopf.

»Sicher habt ihr alle schon einmal Schokolade gegessen. Schokolade ist ein essbarer Gegenstand, der sich im Mund in eine süße, klebrige Masse verwandelt.

Aber das war nicht immer so. Als die Schokolade erfunden wurde, sah sie aus wie ein Käse, sie schmeckte wie ein Käse und sie roch wie ein Käse. Genau genommen, roch sie viel stärker als jeder Käse, den wir heutzutage kennen. Die erste Schokolade, die es gab, war nämlich die berüchtigte Stinkschokolade. Wie? Ihr habt noch nie davon gehört? Dann passt mal gut auf.

Um so eine Stinkschokolade zu essen, brauchte man vier Dinge: Messer und Gabel, ein Paar Handschuhe und – ganz wichtig – eine Wäscheklammer. Mit Messer und Gabel schnitt man ein Stückchen von der Schokolade ab, die Handschuhe trug man, damit die Hände nichts von dem Gestank abbekamen, falls sie versehentlich doch mal die Schokolade berührten, und mit der Wäscheklammer klemmte man sich die Nase zu. So hat man früher Schokolade gegessen. Noch heute spielt man manchmal auf Kindergeburtstagen ein Spiel, das an diese uralte Tradition erinnert.

Aber eigentlich braucht man heutzutage weder Handschuhe noch Messer und Gabel, denn moderne Schokolade stinkt nicht. Im Gegenteil, sie duftet und schmeckt zuckersüß.

Vielen Menschen ist die moderne Schokolade allerdings viel zu fade, ihnen fehlt der kräftige Käsegeschmack. Das gilt ganz besonders für Kinder.

Es gibt sicher ein paar Ausnahmen, aber in den meisten Ländern der Welt essen die Kinder nicht sehr gern Schokolade. Am Mittelmeer liegt ein Land, das hat den Namen Montenegro. Wisst ihr, was das bedeutet?«

Die Kinder schüttelten den Kopf.

»Montenegro«, sagte Onkel Theo, »das heißt auf Deutsch schwarzer Berg – und woraus der besteht, könnt ihr euch jetzt denken! Dieser riesige schwarze Berg ist nichts anderes als all die Schokolade, die die Kinder nicht aufgegessen haben.

Dabei geben sich die Eltern in Montenegro durchaus Mühe. Wenn morgens in Montenegro ein Kind aufsteht, fragt der Vater als Erstes: ›Hast du deine Schokolade schon gegessen?‹ Und wenn ein Kind am Mittag fragt: ›Darf ich heute ein bisschen Fisch mit Spinat essen?‹, sagt die Mutter: ›Wenn du dich gut benimmst, ja. Aber erst isst du schön brav deine Schokolade auf!‹

Und bevor das Kind am Abend ins Bett geht, erinnern es die Eltern: ›Vor dem Schlafen, nach dem Essen Schokolade nicht vergessen!‹

Aber das nützt alles nichts, die Kinder schaffen es einfach nicht, die ganze Schokolade zu vertilgen. Und deshalb steht in Montenegro der schwarze Berg, der größte Schokoladenberg der Welt!«

»So ein Quatsch!«, riefen die Kinder.

»Was?«, fragte Onkel Theo. »Quatsch nennt ihr das? Und euch soll ich noch mal was erzählen?«

Doch weil die Kinder sehr darum baten, sagte Onkel Theo: »Also gut. Vielleicht ein anderes Mal. Aber für heute ist Schluss.«

Onkel Theo erzählt vom Kamel

»So, liebe Kinder«, sagte Onkel Theo. »Heute werdet ihr mal wieder was lernen.« Die Kinder setzten sich auf Onkel Theos grünes Sofa und spitzten die Ohren. »Also«, sagte Onkel Theo. »Das Kamel.« Und er kratzte sich am Kopf.

»Bestimmt habt ihr schon einmal ein Kamel gesehen. Das gibt es in jedem größeren Zoo. Das Kamel ist insgesamt ein eher unauffälliges Tier. Wenn es nicht so groß wäre, würde man es wahrscheinlich kaum bemerken. Aber auffällig sind die Buckel auf seinem Rücken. Was es mit diesen Buckeln auf sich hat, das werde ich euch später verraten.

Zuerst einmal müsst ihr wissen, dass das Kamel ein Bewohner der Wüste ist, und nur dort ist es wirklich glücklich. In seiner Heimat trabt es den ganzen Tag auf seinen breiten Füßen durch den Sand. Abends wird es müde und macht sich aus feinem Sand ein schönes, kleines Bett zurecht. Das Kamel läuft also im Sand, es schläft im Sand – und es frisst sogar Sand, denn etwas anderes gibt es in der Wüste nicht.

Wenn man sich ein Kamel von Nahem betrachtet, kann man sehen, dass seine Lippe eine ungewöhnliche Form hat. Die Oberlippe ist gespalten, damit das Kamel den Wüstensand leichter zu sich nehmen kann. Es saugt den Sand mit der geschürzten Lippe ins Maul und rüttelt ihn mit seiner rauen

Zunge, die wie ein Sieb den Sand von groben Steinen reinigt. Die Steine werden aus den Nasenlöchern wieder ausgepustet, sodass wirklich nur der feinste Sand in dem empfindlichen Magen des Kamels landet.

Weil die Kamele auf diese Weise ungeheuer viel Sand aufsaugen, nennt man sie auch die Staubsauger der Wüste. In manchen Gegenden, wo es besonders viele Kamele gibt, wurde der Sand schon knapp und die Wüste musste mehrfach wieder aufgefüllt werden!

Darüber hinaus ist das Kamel ein sehr musikalisches Tier. Mit seiner gespaltenen Oberlippe ist es in der Lage, durch Zähne und Lippen hindurch herrliche Melodien zu flöten, die selbst den Gesang der Nachtigall übertreffen. Man kann sich sogar Lieder wünschen, das Kamel kennt sie fast alle. Man muss ihm nur einen Titel sagen und sofort beginnt es zu flöten.

Aus diesem Grund legen sich manche Leute statt eines Kanarienvogels oder statt eines Wellensittichs ein Kamel als Haustier zu. Falls ihr bei euch zu Hause ein Kamel halten möchtet, solltet ihr dafür sorgen, dass die ganze Wohnung schön staubig ist. So hat es das Kamel gerne und vermisst nicht seinen gewohnten Wüstensand. Dann wird es sich bei euch richtig wohlfühlen und in allen Zimmern staubsaugen, wie es das daheim in der Wüste macht!

Nun aber zu den Buckeln! Bestimmt wisst ihr schon längst, dass man diese Buckel Höcker nennt. Und wahrscheinlich wisst ihr auch, dass manche Kamele einen Höcker haben, und andere zwei. Aber wisst ihr auch, wozu das Kamel diese Höcker braucht?«

Die Kinder schüttelten den Kopf.

»Das ist so«, sagte Onkel Theo. »In der Wüste gibt es häufig Sandstürme, die alles unter sich begraben. Und natürlich kommt es vor, dass auch die Kamele vom Sand verschüttet werden. Doch weil ihre Höcker aus dem Sand herausragen, kann man die Kamele ganz leicht wiederfinden und ausbuddeln. Und so geht niemals ein Kamel verloren!«

»So ein Quatsch!«, riefen die Kinder.

»Was?«, fragte Onkel Theo. »Quatsch nennt ihr das? Und euch soll ich noch mal was erzählen?«

Doch weil die Kinder sehr darum baten, sagte Onkel Theo: »Also gut. Vielleicht ein anderes Mal. Aber für heute ist Schluss.«

Onkel Theo erzählt von den Zahlen

»So, liebe Kinder«, sagte Onkel Theo. »Heute werdet ihr mal wieder was lernen.« Die Kinder setzten sich auf Onkel Theos grünes Sofa und spitzten die Ohren. »Also«, sagte Onkel Theo. »Die Zahlen.« Und er kratzte sich am Kopf.

»Zahlen kommen sehr häufig vor und fast jeder kennt welche. Bestimmt kennt ihr alle Zahlen von eins bis hundert, vielleicht sogar noch mehr. Doch selbst die klügsten Leute, die fast alle Zahlen kennen, wissen nicht genau, was Zahlen eigentlich sind. Sobald man darüber nachdenkt, wird es schwierig.

Nehmen wir zum Beispiel die Zahl sieben. Man kann sagen, ein Junge ist sieben Jahre alt. Oder es gibt sieben Eier oder sieben Äpfel. Aber was bleibt von der Zahl übrig, wenn man die Jahre, die Eier oder die Äpfel weglässt? Nichts! Denn sieben Äpfel ohne die Äpfel ist eigentlich nichts! Oder was wären sieben Eier ohne die Eier? Ist die Sieben etwa das, was übrig bleibt, wenn man die Eier aufgegessen hat?

Das Schwierigste, was man mit Zahlen machen kann, sind Rechenaufgaben. Zum Beispiel diese: Ein Mädchen, das gerne Bananen isst, hat drei Bananen gekauft. Fünf Bananen isst es auf. Wie viele Bananen muss das Mädchen jetzt noch kaufen, bis es keine mehr hat? Da raucht der Kopf, da kommt man doch ganz schön durcheinander!

Es gibt Rechenkünstler, die rechnen von morgens bis abends solche Aufgaben aus. Wenn sie sich mit jemandem unterhalten, reden sie nur von Zahlen, sie träumen von Zahlen und sie essen sogar Zahlen – jeden Mittag gibt es eine große Portion frischen Zahlensalat!

Aber auch sie wissen nicht alles. Zwei Rechenkünstler hatten einmal einen kleinen Streit darüber, welche Zahl am häufigsten vorkommt. Der erste Rechenkünstler sagte: ›Das ist natürlich die Eins, denn alle anderen Zahlen sind ein Mehrfaches von Eins.‹

Der zweite Rechenkünstler dagegen rief aus: ›Völlig falsch! Es ist die Zwei! Der Mensch hat zwei Augen, zwei Ohren, zwei Arme, zwei Beine ... die Zwei kommt am häufigsten vor.‹

›Aber er ist nur *ein* Mensch‹, sagte der erste Rechenkünstler. ›Ich bin einer und du bist einer!‹

›Macht zusammen zwei!‹, sagte der zweite Rechenkünstler.

Da fiel dem ersten nichts mehr ein.

Aber die Sache wurmte ihn doch, und lange Zeit überlegte er, wie er seinen Freund ein wenig hereinlegen könnte. Und eines Tages schlug er vor: ›Wir machen ein kleines Spiel, das heißt: Wer sagt die größte Zahl? Du fängst an.‹

Der zweite Rechenkünstler fing also an und sagte sofort eine ziemlich große Zahl: 345. Aber der erste sagte eine noch größere Zahl (1 012) und hatte das Spiel gewonnen. Sie spielten noch mal und der zweite Rechenkünstler sagte eine unvorstellbar gigantisch große Zahl (137 421), aber der erste Rechenkünstler sagte eine noch größere (genau 137 422) und hatte schon wieder gewonnen. Sie spielten noch ein paarmal und immer war es dasselbe: Der zweite Rechenkünstler fing an, der erste gewann das Spiel.

›Jetzt machen wir es umgekehrt‹, sagte der zweite Rechenkünstler. ›Du fängst an!‹ Aber da hatte der erste Rechenkünstler plötzlich keine Lust mehr zu spielen.

Stattdessen spendierte er seinem Freund eine frische Portion Zahlensalat, und beim Essen dachten sie beide darüber nach, wie viele Zahlen es überhaupt gibt. Wisst ihr vielleicht die Antwort?«

Die Kinder schüttelten den Kopf.

»Das ist gar nicht so schwer, ihr könnt es selbst rauskriegen mit einem Experiment. Natürlich braucht ihr viel Platz dafür, denn es gibt viele Zahlen. Also lasst am besten aus einem großen Schwimmbecken das Wasser heraus. Dort werft ihr die Zahlen hinein, und wenn sie alle drin sind, dann zählt ihr einfach nach!«

»So ein Quatsch!«, riefen die Kinder.

»Was?«, fragte Onkel Theo. »Quatsch nennt ihr das? Und euch soll ich noch mal was erzählen?«

Doch weil die Kinder sehr darum baten, sagte Onkel Theo: »Also gut. Vielleicht ein anderes Mal. Aber für heute ist Schluss.«

Onkel Theo erzählt vom Grüßen

»So, liebe Kinder«, sagte Onkel Theo. »Heute werdet ihr mal wieder was lernen.« Die Kinder setzten sich auf Onkel Theos grünes Sofa und spitzten die Ohren. »Also«, sagte Onkel Theo. »Das Grüßen.« Und er kratzte sich am Kopf.

»Sicher wisst ihr alle, was Grüßen ist. Wenn sich zwei Leute begegnen, dann sagen sie zum Beispiel ›Guten Morgen‹ oder ›Guten Tag‹ oder ›Grüß Gott‹ oder ›Hallo‹. Manchmal reichen sie sich dazu die Hand oder sie geben sich einen Kuss.

Das wisst ihr bestimmt. Aber wenn ihr glaubt, das sei in der ganzen Welt so und es sei schon immer so gewesen, dann liegt ihr falsch!

Wenn man auf einer Burg im Mittelalter einen Ritter begrüßen wollte, hielt man sein linkes Ohr an die Ritterrüstung und klopfte drei Mal mit der rechten Faust auf das Eisen. Das hatte einen guten Grund: Auf den Burgen standen nämlich furchtbar viele leere Ritterrüstungen herum. Durch das Klopfen konnte man sofort erkennen, was Sache war: Klang die Rüstung hohl, war sie leer, klang sie gut gefüllt, dann steckte ein Ritter darin. Im ersten Fall ging man einfach weiter, im zweiten machte man drei vornehme Verbeugungen. So sparten die Besucher der Burgen viel Zeit, weil sie sich nicht immer wieder vor leeren Rüstungen verbeugen mussten.

Später kamen die Rüstungen aus der Mode. Die einfachen Leute begrüßten sich, indem sie sich die Hand gaben. Die vornehmen Adligen in den Schlössern jedoch wurden immer höflicher und machten immer mehr Verbeugungen. Mit fünfzig Verbeugungen grüßte man einen Grafen, mit hundert Verbeugungen einen Herzog und mit dreihundert Verbeugungen einen König. Das Ganze dauerte so lange, dass die Adligen von morgens bis abends mit Grüßen beschäftigt waren.

Irgendwann wurde ihnen das dann doch zu viel, die ganze Begrüßerei und Verbeugerei wurde gekürzt, und heute machen auch die Adligen höchstens eine Verbeugung, wenn sie einander sehen.

Nur in manchen Oasen in der Wüste und auf sehr kleinen Inseln mitten im Meer verbeugen sich die Einwohner auch heute noch zwanzig Mal voreinander. Aber da ist es nicht so schlimm und dauert nicht so lange, weil es in den Oasen und auf sehr kleinen Inseln nicht so viele Leute gibt.

Auf ganz einsamen Inseln, wo sonst niemand wohnt, macht man sogar hundert Verbeugungen, zwölf Luftsprünge und fünfundzwanzig Purzelbäume. Doch das ist ein Fall, der sehr selten vorkommt.

Und wenn man jemandem Grüße ausrichtet, dann sagt man bei uns auch heute noch: ›Viele Grüße!‹, auch wenn man nur einen einzigen Menschen damit grüßt – und ihr wisst jetzt, woher das kommt!

Aber wisst ihr auch, wie man in England bei besonders feierlichen Anlässen die Königin begrüßt?«

Die Kinder schüttelten den Kopf.

»Nun«, sagte Onkel Theo, »das ist so: Wenn man in England zu einem Empfang eingeladen ist, bei dem die Königin erwartet wird, sollte man immer eine Scheibe Toastbrot dabeihaben. In England ist es nämlich üblich, dass zu feierlichen Anlässen ein Toast auf die Königin geworfen wird. Der Premierminister ruft laut aus: ›Ein Toast auf die Königin!‹ Danach werfen alle Gäste gleichzeitig mit ihren Toastbroten. Deswegen ist das englische Weißbrot so weich – es soll der Königin ja nicht wehtun.«

»So ein Quatsch!«, riefen die Kinder.

»Was?«, fragte Onkel Theo. »Quatsch nennt ihr das? Und euch soll ich noch mal was erzählen?«

Doch weil die Kinder sehr darum baten, sagte Onkel Theo: »Also gut. Vielleicht ein anderes Mal. Aber für heute ist Schluss.«

Onkel Theo erzählt vom Fahrrad

»So, liebe Kinder«, sagte Onkel Theo. »Heute werdet ihr mal wieder was lernen.« Die Kinder setzten sich auf Onkel Theos grünes Sofa und spitzten die Ohren. »Also«, sagte Onkel Theo. »Das Fahrrad.« Und er kratzte sich am Kopf.

»Natürlich wisst ihr alle, was ein Fahrrad ist. Es besteht aus zwei Rädern, die durch ein paar Stangen miteinander verbunden sind. Auf diesen beiden Rädern kann es zwar fahren, aber nicht stehen bleiben. Deshalb ist es gar nicht so einfach, ein Fahrrad zu benutzen, wenn man es zum ersten Mal macht. Wer es noch nicht kann, fällt um. Darum lernen die meisten Kinder erst laufen und dann Fahrrad fahren. So ist das normalerweise und fast überall.

Nur in der Stadt Münster in Westfalen ist es anders. Dort lernen die Kinder zuerst das Radfahren und später, wenn sie das gut können, lernen sie laufen. Wenn überhaupt, denn eigentlich fährt dort jeder mit dem Rad und kaum einer geht zu Fuß.

In Münster in Westfalen werden die kleinen Kinder einfach mit einem Gurt auf dem Fahrrad festgebunden, damit sie nicht vom Sattel fallen. Und dann radeln sie los. Umfallen können sie nicht, denn die Fahrräder fahren dort so dicht nebeneinanderher, dass gar kein Platz zum Umfallen ist.

In Münster in Westfalen gibt es so viele Fahrräder, dass auf den Straßen und Bürgersteigen bei Weitem nicht genug Parkplätze für alle vorhanden sind. Deshalb wurden in den Straßen von einem Haus zum anderen Wäscheleinen gespannt – daran können die Radfahrer ihre Räder aufhängen, wenn sie mal eine Pause machen wollen.

An Sonntagen sind noch mehr Fahrräder in der Stadt unterwegs als an allen anderen Tagen. Die liebste Sonntagsbeschäftigung der Einwohner von Münster in Westfalen ist es nämlich, mit dem Fahrrad durch ihre Stadt zu fahren. Das Spannende daran ist, dass niemand so genau weiß, wo er am Ende ankommt. Wenn alle Radfahrer geradeaus fahren und man selbst ist mittendrin, dann ist es unmöglich, nach links oder rechts abzubiegen. Es bleibt einem also nichts anderes übrig, als in dieselbe Richtung zu fahren wie alle anderen auch. So kommt es manchmal vor, dass eine Familie, die eigentlich Eis essen wollte, am Ende in den Zoo geht, und eine andere Familie, die eigentlich ins Fußballstadion wollte, plötzlich wieder vor der eigenen Haustür steht.

Aber das ist noch gar nichts! Am schlimmsten erwischte es einmal einem jungen Mann, der vier Stunden lang in einem Kreisverkehr im Kreis fuhr und einfach nicht mehr herauskam!

Ja, so geht es zu in Münster in Westfalen, jetzt wisst

ihr Bescheid. Aber wisst ihr auch, was ein Turm-Tandem ist?«

Die Kinder schüttelten den Kopf.

»Nun das ist so«, erklärte Onkel Theo. »Ein Tandem ist ein Fahrrad für zwei Leute. Normalerweise sitzen die beiden hintereinander, einer vorne und einer hinten. Aber weil in Münster in Westfalen zu wenig Platz für noch mehr Fahrräder ist, gibt es dort ein ganz besonderes Tandem: Man nennt es Turm-Tandem! Auf ihm sind die Leute übereinandergestapelt – einer sitzt oben und einer unten. Das ist unglaublich platzsparend!«

»So ein Quatsch!«, riefen die Kinder.

»Was?«, fragte Onkel Theo. »Quatsch nennt ihr das? Und euch soll ich noch mal was erzählen?«

Doch weil die Kinder sehr darum baten, sagte Onkel Theo: »Also gut. Vielleicht ein anderes Mal. Aber für heute ist Schluss.«

Onkel Theo erzählt von der Langeweile

»So, liebe Kinder«, sagte Onkel Theo. »Heute werdet ihr mal wieder was lernen.« Die Kinder setzten sich auf Onkel Theos grünes Sofa und spitzten die Ohren. »Also«, sagte Onkel Theo. »Die Langeweile.« Und er kratzte sich am Kopf.

»Natürlich wisst ihr alle, was Langeweile ist, auch wenn man es nicht leicht erklären kann. Langeweile ist das Gefühl, das man hat, wenn die Zeit besonders langsam vergeht. Wenn man glaubt, eine Stunde dauert zwei Stunden. Und wenn man währenddessen auch noch auf die Uhr schaut, fühlt es sich noch viel schlimmer an. Das kennt ihr sicher! Was kann man dagegen tun? Manchmal hilft eine Geschichte. Aber nicht immer, denn auch eine Geschichte kann langweilig sein.

Deshalb schaut jetzt nicht auf die Uhr, passt gut auf, reißt euch zusammen und haltet euch wach, denn jetzt hört ihr die langweiligste Geschichte der Welt.

Es gab nämlich einmal einen Lehrer, der erzählte seinen Schülern jeden Freitag in der letzten Stunde eine Geschichte, die er sich selbst ausgedacht hatte. Manchmal war die Geschichte spannend, manchmal war sie lustig, immer war sie wunderschön. Nur leider hörte niemand zu.

Einige Kinder redeten miteinander, sodass die anderen, die zuhören wollten, nichts verstanden. Ein Junge holte die Tüte mit dem Pausenbrot aus der Schultasche, ein Mädchen zog seine Nachbarin an den Haaren. Ein anderer Junge wackelte die ganze Zeit mit seinem Stuhl. Ein Mädchen bat darum, auf die Toilette gehen zu dürfen, und plötzlich merkten noch sechs Mädchen und sieben Jungen, dass sie dringend aufs Klo mussten.

Es war jeden Freitag dasselbe Kommen und Gehen – der arme Lehrer war völlig verzweifelt.

Eines Tages aber hatte er eine Idee. Wenn niemand seine spannenden, tollen und lustigen Geschichten hören wollte, musste er eben etwas Langweiliges erzählen.

Und genau das tat er am darauffolgenden Freitag. Im ersten Moment schien die Geschichte gar nicht so langweilig zu sein, sie fing nur ein bisschen langweilig an. Ein Mädchen in der

ersten Reihe gähnte kurz. Daraufhin wurde die Geschichte noch etwas langweiliger, noch nicht sehr, aber doch schon ziemlich langweilig. In der Klasse wurde es immer stiller und die Kinder stützten gelangweilt die Köpfe auf die Hände. Nach kurzer Zeit wurde die Geschichte noch langweiliger. Jetzt war sie wirklich schon sehr langweilig.

Alle Kinder gähnten. Einem Jungen fielen immer wieder die Augen zu, er konnte nichts dagegen tun. Aber kein Kind schwatzte, niemand aß, niemand wackelte mit dem Stuhl und niemand ging aufs Klo.

Dann wurde die Geschichte furchtbar langweilig, doch das bekam schon niemand mehr mit. In der Klasse war es mucksmäuschenstill, denn alle Kinder waren eingeschlafen!

Das alles war schon grauenhaft langweilig – aber es war noch nichts gegen den Schluss der Geschichte! Der Schluss war langweiliger als die ganze Geschichte und langweiliger als alle Geschichten, die ich jemals gelesen oder gehört habe! Und wisst ihr, wie dieser Schluss geht?«

Die Kinder schüttelten den Kopf.

»Nun«, sagte Onkel Theo. »Das weiß leider niemand. Als der Lehrer die Geschichte nämlich am Nachmittag aufschreiben wollte, schlief er vor Langeweile selbst ein. So kommt es, dass niemand den Schluss kennt von der langweiligsten Geschichte der Welt.«

»So ein Quatsch!«, riefen die Kinder.

»Was?«, fragte Onkel Theo. »Quatsch nennt ihr das? Und euch soll ich noch mal was erzählen?«

Doch weil die Kinder sehr darum baten, sagte Onkel Theo: »Also gut. Vielleicht ein anderes Mal. Aber für heute ist Schluss.«

Onkel Theo erzählt vom Frosch

»So, liebe Kinder«, sagte Onkel Theo. »Heute werdet ihr mal wieder was lernen.« Die Kinder setzten sich auf Onkel Theos grünes Sofa und spitzten die Ohren. »Also«, sagte Onkel Theo. »Der Frosch.« Und er kratzte sich am Kopf.

»Der Frosch ist ein kleines grünes Tier mit großen Augen. Oft sitzt er unbemerkt am Rand eines Tümpels oder im grünen Gras. Es gibt Leute, denen es gefällt, wenn sie alles sehen können, ohne selbst gesehen zu werden. Nicht so der Frosch – dem wäre es umgekehrt viel lieber. Denn der Frosch ist eitel wie kaum ein anderes Tier.

Wenn jemand an dem Frosch vorbeigeht, ohne ihn zu bemerken, denkt sich der Frosch: Ich bin so groß! Ich bin so schön! Man muss mich doch seh'n!

Er reckt sich in die Höhe und streckt sich, er bläst sich auf und macht die Backen dick. Aber das alles nützt meist rein gar nichts, denn der Frosch ist so klein und so grün, dass er nicht weiter auffällt.

Da denkt sich der Frosch: Wie kann das sein? Bin ich zu klein? Und so sucht er sich eine Leiter, und wenn er eine findet (das ist natürlich am Rand seines Tümpels nur manchmal der Fall), lehnt er sie an ein Schilfrohr und klettert die Sprossen hoch.

Manche Leute glauben, es gebe schönes Wetter, wenn ein Frosch auf eine Leiter steigt, aber das ist natürlich Unsinn. Der eitle Frosch will einfach nur gesehen werden. Weiter nichts.

Oben auf der Leiter macht er es wie immer: Er reckt sich, er bläst sich auf, er macht die Backen dick. Und trotzdem wird er nicht bemerkt. Nun denkt sich der Frosch: Was mach ich nur, damit man schaut? Jetzt werd' ich laut!

Sofort beginnt er zu schreien. Er ruft, so laut er kann: ›Stark! Stark! Stark!‹, damit auch ja jeder hört, was für ein starker Frosch da auf der Leiter steht.

Das führt dazu, dass alle Frösche, die zufällig in der Nähe sind, ebenfalls auf sich aufmerksam machen wollen. Auch sie rufen mit lauter Stimme: ›Stark! Stark! Stark!‹

Bald sind sämtliche Frösche des Tümpels an diesem merk-

würdigen Chor beteiligt. Ihr Geschrei nimmt kein Ende und ist kilometerweit zu hören.

Dumm nur, dass die Frösche eine sehr feuchte Aussprache haben. Und so klingt ihr Rufen nicht wie ›Stark! Stark! Stark!‹, sondern viel eher wie ›Quark! Quark! Quark!‹

Das geht so lange, bis ein Storch angelockt wird von dem Gequake. Der hat Hunger und freut sich auf ein kleines Mittagessen, aber die Frösche sind natürlich schneller. In null Komma nichts sind sie ins Wasser gesprungen und schon ist Ruhe am Teich. Bis der Storch verschwunden ist. Und dann beginnt das Ganze wieder von vorn.

Es gab übrigens einmal einen Grasfrosch, der war noch eitler als alle anderen Frösche. Könnt ihr euch vorstellen, warum?«

Die Kinder schüttelten den Kopf.

»Das kam so«, sagte Onkel Theo. »Dieser Grasfrosch hüpfte gerade auf einer Wiese herum, auf der ein paar Kühe weideten. Eine Kuh dachte so bei sich: Was ist denn das Merkwürdiges? Und mit ihrer riesigen Zunge leckte sie dem winzigen Frosch über den Rücken. Aber weil sie kein Storch und weil der Frosch kein Gras war, ließ sie ihn bald in Ruhe und trabte weiter.

Der Frosch jedoch rief voller Freude: ›Sie hat mich geküsst! Sie hat mich geküsst!‹

Und weil er mal gelesen hatte, dass sich ein Frosch durch Küssen in einen Prinzen verwandelt, hielt er sich seitdem für einen Prinzen und wurde der eitelste Frosch der Welt.«

»So ein **Quatsch!**«, riefen die Kinder.

»Was?«, fragte Onkel Theo. »Quatsch nennt ihr das? Und euch soll ich noch mal was erzählen?«

Doch weil die Kinder sehr darum baten, sagte Onkel Theo: »Also gut. Vielleicht ein anderes Mal. Aber für heute ist Schluss.«

Onkel Theo erzählt vom Staubsauger

»So, liebe Kinder«, sagte Onkel Theo. »Heute werdet ihr mal wieder was lernen.« Die Kinder setzten sich auf Onkel Theos grünes Sofa und spitzten die Ohren. »Also«, sagte Onkel Theo. »Der Staubsauger.« Und er kratzte sich am Kopf.

»Natürlich habt ihr alle schon einmal einen Staubsauger gesehen. Das ist so ein tolles Gerät, das fast von allein die Wohnung sauber macht. Man hält einfach das Saugrohr fest und läuft damit durch die Wohnung – das geht leicht und macht Spaß! Wenn ihr wollt, dürft ihr das gerne ab und zu bei mir machen.

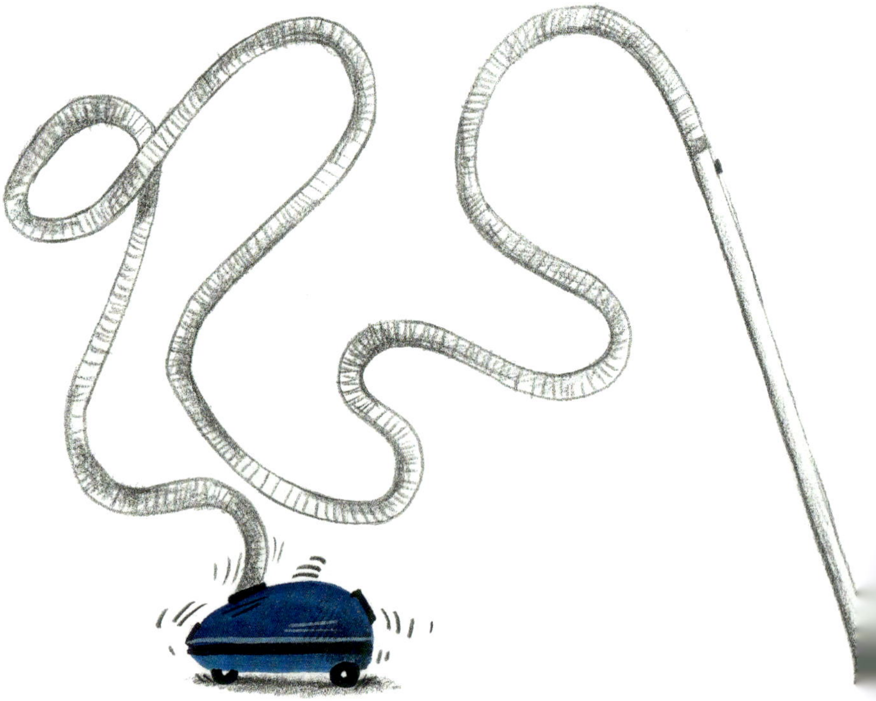

So einfach ist das mit dem Staubsaugen allerdings nicht immer. Es gibt zum Beispiel einen Staubsauger, der saugt nicht nur den Staub, sondern auch alle Farben weg. Wenn man den auf einen bunten Teppich hält, verschwinden in wenigen Minuten alle Farben, und der Teppich wird weiß wie Schnee. Man kann sich vorstellen, dass man mit diesem Farbsauger sehr vorsichtig umgehen muss. Wehe, man kommt mit der Saugdüse zu nah ans Gesicht! Sofort verschwinden alle Sommersprossen. Und nicht nur das. Man wird blass wie ein Käse und sieht so krank aus, dass man ein paar Tage lang nicht in die Schule muss.

Daneben gibt es noch ein paar andere sehr nützliche Spezialsauger.

Sicher kennt ihr alle das Problem, dass ihr zwei Socken in die Wäsche geworfen habt und es kommt nur eine wieder heraus. Die zweite ist einfach verschwunden. Steckt sie vielleicht irgendwo in der Waschmaschine? Ist sie etwa doch aus Versehen gar nicht in der Maschine gelandet, sondern woan-

ders liegen geblieben? Vielleicht in einer entfernten Ecke des Zimmers? Vielleicht in einer Sofaritze oder unter dem Bett?

In diesem Fall hilft der grandiose Sockensauger. Zum Glück ist die Bedienung kinderleicht: Man stellt sich einfach mitten ins Zimmer und hält das Saugrohr in die Luft. Dann schaltet man den Sockensauger ein. Die unglaublich starke Sockensaugkraft wirkt wie ein Magnet – sofort kommen alle Socken aus allen Zimmern der ganzen Wohnung angeflogen und verschwinden im Saugrohr.

Zum Schluss muss man nur noch den Sockenbeutel am anderen Ende des Sockensaugers öffnen und schon sind alle verlorenen Socken wieder da.

Ein anderer bekannter Spezialsauger ist der Laubsauger. Damit kann man herumliegendes Laub aufsaugen, falls man zu faul ist, einen Laubrechen zu benutzen.

Leider macht dieser Laubsauger einen furchtbaren Lärm.

Aber auch dagegen gibt es Hilfe. Könnt ihr euch denken, was man da tun kann?«

Die Kinder schüttelten den Kopf.

»Nun«, sagte Onkel Theo. »Falls euer Nachbar einen schrecklich lauten Laubsauger benutzt, dann besorgt ihr euch einfach einen Lautsauger. Der Lautsauger heißt Lautsauger, weil er jeden Laut aufsaugt. Passt auf, ich mach ihn mal an. Achtung – jetzt!«

»---?«

»Pst!«

»Habt ihr gehört? Man hört nichts!«

»So ein Quatsch!«, riefen die Kinder.

»Was?«, fragte Onkel Theo. »Quatsch nennt ihr das? Und euch soll ich noch mal was erzählen?«

Doch weil die Kinder sehr darum baten, sagte Onkel Theo: »Also gut. Vielleicht ein anderes Mal. Aber für heute ist Schluss.«

Martin Ebbertz, geboren 1962 in Aachen, aufgewachsen in der Eifel, studierte Germanistik, Philosophie und Geschichte und arbeitet heute als Autor für Kinder und Erwachsene. Seine Bücher wurden bereits mehrfach ausgezeichnet. Martin Ebbertz lebt in Boppard am Rhein.
www.ebbertz.de

Catharina Westphal wurde 1971 in Weert in den Niederlanden geboren. Nach Studium und Diplom arbeitet sie seit 2003 sehr erfolgreich als freie Illustratorin für verschiedene Kinderbuch-, Schulbuch- und Zeitschriftenverlage.
www.catharinawestphal.de